今度こそ読み通せる名著

THE MOST READABLE CLASSICS

スマイルズの「自助論」

SELF-HELP

SMILES

サミュエル・スマイルズ
夏川賀央
［訳］

ウェッジ

シリーズ刊行にあたって

人生や仕事、勉強、人間関係に迷ったら、書物を開いてみることは、活路を見出すためのひとつの手段です。

その場合、目の前を行き交う新刊を読むより、時代を経て淘汰されずに生き延びた、過去の名著を読むことをおすすめします。

人生につまずいたとき、現代より厳しい時代を生き抜いた先達の姿に勇気づけられることでしょう。次の一手に迷ったとき、新しい時代を切り拓いた賢人の知恵にヒントを得ることでしょう。なじみのある身近な例ではありませんが、だからこそ、いつの時代にも通ずる普遍的な内容であり、より深い学び、より本質的な発見があります。

ただ、これまで読むチャンスがなかった。挑戦してみたものの読み終えることができなかった。読んだものの内容がよくわからなかった。そんな理由から、名著を敬遠している人も多いかもしれません。

このシリーズでは、大人はもちろん中高生にも必ず読み終えていただけるような現代日本語訳で、世界の名著を刊行してまいります。現代の日本人には合わない内容には配慮しつつ、できるだけ原文のエッセンスを忠実にお伝えするよう努めております。

多くの人が、本シリーズでたくさんの世界の名著に出会い、学びや発見を得て、実りある人生を歩んでいただけましたら幸いです。

はじめに――歴史を変えた「当たり前のこと」を説く本、その神髄をあなたへ

かつて日本が江戸時代から明治時代になったとき、多くの人は「生まれによって、ある程度の将来が決まっていた時代」から、「自分で自分の未来を切り拓かねばならない時代」へ放り込まれました。

「いったい何をすればいいのだろう？」

答を見つけるために、当時の日本人は書物に頼ったのです。江戸から明治になったばかりだというのに、ミリオンセラーがなんと2冊も生まれました。

そのうちの1冊が、有名な福澤諭吉の『学問のすすめ』。そしてもう1冊が、中村正直が翻訳した『西国立志編』という本でした。

聞きなじみのない後者、これこそが現在『自助論』として知られている本。

いま、皆さんが手に取っている、サミュエル・スマイルズが1859年に著した名著『セルフ・ヘルプ』だったわけです。

つまり本書は、単に世界的な名著というだけではありません。日本が世界に肩を並べるまでに発展し、いま現在の形になる際の、精神的支柱にもなった1冊なのです。

それくらい私たちには、強いエネルギーを与えた本でした。

実際、本書から現代の日本を代表する企業も生まれています。

本書の第2章では、スマイルズが生まれたイギリスの、産業革命を支えた発明家たちの奮闘が紹介されています。

子どものころにそれを読んで強く影響を受けたのが、豊田佐吉さん。浜名湖近くの貧しい村に生まれた彼は、子どものころに読んだ本書に強く影響され、やがて自ら「織り機」を開発して起業家へと成長していきました。

やがてこの会社は、世界の自動車産業を代表する「トヨタ」へと飛躍していくのですが、『自助論』のエッセンスは、現在も人材育成の理念として代々の経営者に受け継がれています。


このように、本書『自助論』は、イギリスで発行されて以来、世界各国の発展に影響を与えてきました。

現在の日本でも、財界や政界の成功者、またアスリートやアーティストなど、多くの成功者たちに影響を与え続けています。

そんな本書には、いったいどれほどスゴいことが書いてあるのでしょう?

じつは、その核心にあるものは、決して難しいことではありません。

人は、自ら努力することで、幸福になれる……。

ただこれだけの、じつにシンプルなことなのです。

おそらく同様のことを、私たちは両親から聞かされ、学校の先生から聞かされ、会社の上司に聞かされて、現在にいたっていることでしょう。

けれども、あなたは疑問に感じたことはないでしょうか？

本当に努力することで、人は幸せになれるのだろうか……と。

努力したって報われることなんて少ないじゃないか！

それよりラクしてうまくやっている人のほうが多いじゃないか！

最近の日本ではとくに、「いかに最小の労力で大きな成果を上げられるか」という効率を求める考え方が強くなっています。当たり前のように言われてきた努力への価値も、現在は時代錯誤のようにとらえられているのが現実なのです。

19世紀に生きたスマイルズも、おそらくは同じような疑問を感じたのでしょう。

だから数百人に及ぶ成功者たちの人生を、追求しました。

彼らが成功できたのは、運がよかったからなのか？　それとも自分で努力したからだったのか？

膨大な資料に目を通して研究した結果、彼にはわかったのです。

成功者は例外なく、人一倍の果てしない努力をしていた！

しかも彼らは、それを楽しんでやっていたのだ！

そして彼は自身が出した結論を、この『自助論』にまとめたわけです。

ですから私たちが夢を持ったとき、何かの役割を担う立場に立ったとき、そして大きな困難に直面したとき、「いったい何をすべきか？」という答は、すべて本書にあります。

原著『セルフ・ヘルプ』を完全に日本語訳すると、５００〜６００ページの大著になります。今回は原著の事例集という体裁を保ったまま、日本人になじめない話題をカットすることで、読みやすく３００ページ弱にまとめる翻訳を行いました。

おそらく本書は、世界で最も多くの成功者を生み出し、最も多くの人生を幸福に導いてきた自己啓発書の１つになるでしょう。そのエッセンスを、ぜひ皆さんに味わっていただきたいと思います。

※本書のオリジナル、サミュエル・スマイルズ著『Self Help』は、１８５９年にロンドンのJohn Murray社より発行されました。

もくじ

意志の力があれば、失ったものなど簡単に取り返せる
自分の悪習をどうやって改善するか?
「文字を書き写す事務員」から詩人になった男の我慢強さ
不良少年からヒューマニストになったドリューに起こったこと
今日の仕事を明日に残すな!
不屈の政治家ジョゼフ・ヒュームの人生

第5章 真実を見抜いてチャンスをつかんだ人たち

——偉大な科学者や医師たちは、どうやってその名声を得たのか?……

ミケランジェロの偉大な芸術は、こうして生まれた
ガリレオだけが気づいた「いつもそこにあった奇跡」
新大陸より重要だったコロンブスの「小さな発見」
フランクリンとガルヴァーニの真理を見抜く力
成功者は決して「道具」に恵まれていたわけではない
どんな天才であっても、数分の無駄は取り戻せない
努力家のみがつくり上げる「情報の倉庫」とは?
人を助ける者は、自らも救われる——ある軍医の話
人類に貢献した医師ジェンナーの苦闘

第8章

「やる気」と「勇気」を奮い立たせる法

第9章

仕事を成功に導くためにやるべきこと

仕事が人の価値を決めるのではない。人が仕事に価値を与えるのだ！
偉大な学者や作家は、普通に「仕事ができる人」だった
最も困難な道こそ、最も成功に近い道！
うまくいかないのは、すべて自分に原因がある
どんな仕事も大成させる6つの要素
なぜ「時間」が、ほかのどんなものより価値をなすのか？
仕事をする上で絶対に忘れてはならない、たった1つのこと

第10章 金に振り回されるな、金を支配せよ

——正しいお金の使い方を知っていた人たち

お金の使い方で、その人がわかる！
世界を変えたければ、まず自分を変えよ！
倹約は「自助の精神」を示す見本となる
とにかく借金はするな、それは人の運命を変えてしまう
お金を管理し、誘惑をはねつける習慣をつくる
1杯のウイスキーが人生のターニングポイントになった
300人の人生を救った、偉大なる週給労働者
賢明な人間は必要以上にお金を貯め込まない

企画：アップルシード・エージェンシー

第1章

「自助」とは何か?

1人ひとりの力で、世の中は変わる

「国家の価値とは、結局のところ、そこに属するすべての人々の価値に等しいものなのだ」
――ジョン・スチュアート・ミル（19世紀イギリスの哲学者）
「私たちは誰でも、人がつくったシステムに対してはあまりにも信頼を寄せているが、人そのものに対してはほとんど信頼を寄せていない」
――ベンジャミン・ディズレーリ（19世紀イギリスの政治家）

私たちは「私たちの力」でしか、幸福になれない

「天は自ら助くる者を助く」

よく知られたこのイギリスの格言は、おそらく何十万、何百万もの人間が実際に経験し、感じてきたことから導き出された教訓なのでしょう。


自らの努力で、自らを救う……。

それこそが、本書でこれから述べていく「自助」なのです。

自助の精神は、人種や性別を超え、あらゆる人々にとっての成長の源となります。

自助のための努力は、どんな人々の人生の中でも、いちばん輝かしく、誇りにされるべき功

績となります。

そして国の活力や強さも、その国の民衆がどれだけ自助の精神を持っているかにかかっているのです。


誰かからの援助は、ときに私たちの力を減じさせます。

逆に、どんなに私たちが無力であったとしても、自分自身で自分を助けようとする気概は、常に私たちを奮い立たせます。

誰かからいつも助けられ続けていると、いつのまにか人は自分で自分を助けようとする意欲を失い、そうすべき必要性すら忘れてしまうものです。

結果、自立心や克己心は失われ、私たちを救いようのない人間へと転落させる可能性すらあります。


たとえこの世で最高の制度をつくったとしても、そのことによって人が救われるわけではありません。

もしかしたら人を助ける最善の方法とは、その人を完全に放置しておき、自らの力で自分を成長させる気持ちを起こさせ、いまの困難な状況を打開させることかもしれないのです。

ただ、いつの時代においても、人は幸福になれない理由を、己の力不足ではなく、国の悪しき制度に押しつけたがります。

法に基づく政治は、人類が発展してきた理由として、いつもその価値を高く見積もられすぎてきました。

しかし法も政治も、私たちに実質的な幸福を与えてはくれません。

たとえば3年から5年の任期で1人か2人の素晴らしい人間を投票で選び、100万の人々を代表するような議会をつくったとしましょう。

仮にその議会で政治が真面目に実行されたとしても、個々の人々の性質や人生に影響を及ぼすことなど、ほとんどないのが現実なのです。

それはごく普通に毎日の生活を続けていれば、誰しもが日増しに感じてくることだと思います。あなただって本当は心の底で、国が自分を幸せにしてくれるなどとは思っていないのではありませんか？

自らを変えようとする心が、世の中をも変える！

政府の役割というのは、いつの時代にせよ、決して民衆に対して楽観的で、解放的なものではありません。

それはむしろ、人の善性を否定し、民衆を束縛するものでした。政府の役割とは国民の生命や財産、あるいは自由を守ることが第一なのですから、これは当然のことなのです。

法が賢く機能すれば、肉体的にも精神的にも、人は比較的小さな犠牲を払うだけで、労働による甘い果実を味わうことができます。

しかしどんなに厳格な法を整えたところで、怠け者を勤勉な人間に変えたり、浪費家を慎ましい生活を好む人間に変えたり、酒に溺れる者を真面目な人間に生まれ変わらせたりすることはできないのです。

人間が生まれ変わるのは、それぞれの人間が自発的に行動を変えたときだけです。いままでの自分の生活や、お金の使い方を見直さない限り、人の生き方は変わっていきません。

自分自身でよりよい習慣を身につけない限り、いくら強大な権力で人を押さえつけようとしても、自己を変革することはできないのです。

政治というのは、どんな時代であれ、個々の民衆の集合意思を反映したものにすぎません。どんなに政治が高い理想を掲げたとしても、国民の意識が低ければ、必ず国はそのレベルに引き下げられます。

逆に政治がどれほどひどいレベルであったとしても、国民の意識が高ければ、時間はかかるかもしれませんが、結局は政治もそのレベルまで引き上げられるのです。

これは自然の法則によって水が高いところから低いところに流れ、やがてバランスをとるのと同じことでしょう。

確かに集合体としての国の意思は、最終的には法や政治といったものに反映されるかもしれません。しかしその法や政治の質を決めているのは、常に国民の質です。

だから、国に大勢の高貴な人々がいれば高貴な支配が行われ、逆に野蛮な人々が多ければ、国が蛮行によって腐敗してきました。

まさに世の中の歴史は、国の価値や強さが、その政治体制の形ではなく、そこに所属する人々のありようによって決まってきたことを証明しています。

国というのは、結局のところ1人ひとりの置かれた状況が寄せ集まり、その結果できあがるものにすぎないのです。

男性に、女性に、子どもたちに、その社会に属するすべての人が、自分自身をよりよくしようとしていけば、文明それ自体も進化していきます。

国の発展とは、まさに個々人の努力と、活力と、正義感を合計したものなのです。

逆に個々人の怠慢と、わがままと、悪徳が積み重なれば、国は崩壊に向けて進んでいくでしょう。

私たちが「大いなる社会悪」と呼んでいるものの大半は、私たち自身の堕落した生活から生まれています。

だから私たちが社会悪を憎み、法を制定することでこれを撲滅しようと奮闘しても、悪はその形を変え、いつのまにかまた、はびこっていくことになるのです。

結局、私たちが先に自らの生き方を変え、自らの品格を変えていかない限り、世の中が改善されていくことはありません。

この見方が正しいとすれば、人間を愛し、自分の国を愛するような美しい心は、法を改正したり制度を変革することではなく、自発的に自分を高めようとする努力によって生まれます。

まさに自由で独立した人間が、自らを助けていこうとする行動によって、世の中はよりよいものになっていくのです。

あなたは常に「偉大な名もなき兵士」の１人である

世界に存在するすべての国は、何世代にもわたってその国の大勢の人々が試行錯誤し、汗水を流して奮闘してきたことによって、現在の形につくり上げられてきたものです。

土を耕す人、鉱山を採掘する人、発明する人に発見する人、製造者に機械工に、技術者、詩人、哲学者、政治家などなど……。

さまざまな階層の働き手による忍耐強い努力が、１つの世代から次の世代へ向けて積み重なり、そうしてより高いステージへと国は発展してきました。

こうした貴重な働き手たち、それは「文明を創造する職人たち」と呼ぶべきでしょうが、彼らが仕事を連綿と続けてきたからこそ、産業も科学も芸術も、混沌とした状態から秩序を持ったものへと形成されてきたのです。

そして現在を生きる私たちは、この先人たちがつくり上げた貴重な財産を、ごく当然のように引き継いでいます。

この財産は私たちの手によって再び開拓され、加工され、単に修繕をするだけではなく、よりよいものに改良されて、次の世代へ継承されなければならないのです。

個々人の精力的な活動が示す通り、「自助」の精神は、あらゆる時代にわたってイギリス人の個性を表す、大きな特徴となってきました。それはまさしく、私たちの国の力を示すモノサシとなっています。

もちろんいつの時代にも、他者に抜きん出て頭角を表し、国民からの評判をほしいままにする者はいたでしょう。

しかし私たちの国の発展は、本当は目立つことなどなく、名前も知られていないような多くの人間の功績によって成り立っているのです。

戦争を考えてみてください。確かに歴史上の大きな合戦において、名を残しているのは、常に軍を指揮した将軍のみでしょう。しかしどんな戦争でも、名もなき大勢の兵士たちの勇気と英雄的行動がなければ、決して勝利は成し遂げられなかったのです。

そう、私たちの人生は、名もなき兵士たちの戦いと同様なのです。

いつの時代においても、名もなき1人の働き手ほど勇敢で偉大な人物は、世に存在しません。

多くの人の人生は、書物に書き残されることはありません。しかし、自叙伝に記される有名な偉人たちと同様、誰もが文明の発展に力強い影響を及ぼしています。

どれほど身分の低い人間であっても、仲間たちに対して勤勉さと真面目さと正直さの見本となっている人物は、現在においても未来においても、国の繁栄に大きな影響を及ぼします。

これは当然のことで、その人物の人生は、「素晴らしい人生の見本」として、次の世代にいつまでも語られることになります。また語られることがなくても、次代の人間に、無意識の中で影響を与えていることは多いのです。

どんな書物よりも、経験に敵う教師はいない

人の生活や行動に最も大きな影響を与えるものは、エネルギーに満ちた人との出会いであり、それは私たちにとって最も実践的な、日々の教育となっています。

この教育に比べれば、あらゆる教育機関で学べるものなど、ほんのさわり程度にしかすぎないでしょう。

私たちは人生において、常に大きな学びを得ています。それは、毎日のように家で受けるものであり、街角で学ぶものであり、仕事場で教えられるものであり、織り機や鋤《すき》のかたわらで体験するものであり、事務室や工場、あるいはほかの忙しい人が出入りする場で、周りの人間を見ながら学ぶものであったりするわけです。

こうした体験的な学習は、社会の一員となるための総仕上げと呼べるものであり、「何をするべきか?」「何を選ぶべきか?」「何を目標とし、何を我慢するべきか?」を教えてくれます。これを適切に学べば、仕事においても人生においても、与えられた責任を果たすのに必要な能力が身につくでしょう。

ドイツの詩人シラーは、この教育を「人類という種の教育」だと定義しました。どんな書物を読んでも、身につかない教育なのです。

哲学者フランシス・ベーコンは、含蓄ある言葉でこのように言っています。

「学問はそれ自体の使い方を教えてはくれない。しかし私たちが日常をよく観察すれば、学問を学ばなくても、それ以上の知恵を勝ち取ることはできる」

学問的な知恵のみならず、生活に必要な知恵を考えれば、この言葉の重みはよりハッキリするでしょう。

読むことより働くことで、文学より実体験で、学問より行動で、伝記より生身の人間とのふれあいで、人は己を完成させていくのです。

あらゆる経験による学習が、人類という種族を上書きして発展させていきます。

誰もシェイクスピアが何をやっていたのか知らない！

しかしながら、特別に優れた偉人の伝記は、人々にとって最も有益で役に立つガイドであり、大きな救いを与えてくれるのも確かなことです。

最も優れた伝記のいくつかは、至高の人生や高いレベルの考え方、あるいは自身のために、また世界をよりよくするために、「どう精力的に行動すべきか」を教えてくれる福音書のようなものでしょう。

伝記は、自助の力についても、目標を達成するための忍耐力についても、仕事の問題を解決する力についても、高潔であり続ける力についても、価値ある見本を私たちに提供してくれます。

優れた伝記を読めば、たとえ最下層にいる人間であっても、「誇りや自信を持つことで、最終的には名誉や確固たる評判を手にすることができる」と気づくでしょう。偉大な人物は、その高貴なる独自のキャラクターによって、どんな言葉よりもわかりやすく、私たちに成功の秘訣を教えてくれるのです。

科学や文学や芸術の世界で偉大な業績を上げた人物は、皆優れた思考の持ち主であり、素晴らしい心を持つ人々でした。そして皆、限られた特権階級に属していたわけでもありません。偉人たちには、大学を出た者もいれば、職人たちのワークショップにいた者もいます。貧しい掘っ建て小屋のような家に住んだ者もいれば、もちろん富裕層の家に生まれた者もいます。神の偉大な使いの中には、最下層に属する身分から出た者もいるのです。最も貧しい階層に生まれた者が、最も高い地位に上りつめることもあります。このことは、どれだけ道の途中にある障壁が困難そうに見えても、私たちが突破することは可能であることを証明しているでしょう。

偉人たちの多くの例を見れば、道の途中に障壁があったからこそ、絶え間ない努力を続け、仕事において力を発揮できたのだとわかります。困難がなければ、彼らの力だって眠ったままだったかもしれません。

困難を克服し、勝利をつかみとった多くの例は、明らかに「意志さえあれば人に不可能はない」という格言の正しさを証明します。

偉大な劇作家シェイクスピアが、もともと何者であったのか？　誰も確かなことはわかりません。おそらくは低い身分から上りつめた人だったのでしょう。

シェイクスピアの父親は肉屋であり、牧畜をしていたと伝えられます。おそらく若いころシェイクスピアは、羊毛をすく仕事をしていたと想像されます。

また、彼は学校の校務員をしていたと言う人もいれば、その後、金貸し業者の事務員になったと言う人もいるのです。

とにかくウィリアム・シェイクスピアが、世界の歴史の中で重要な役割を演じた〝役者〟であったことは確かでしょう。

彼は1592年に劇作家としてデビューすると、さまざまな分野での経験や観察を経て獲得した知識を総動員し、わずか20年で『マクベス』『ハムレット』『リア王』『ロミオとジュリエット』『ヴェニスの商人』『夏の夜の夢』など、数々の偉大な作品を生んでいきました。

その熱心な探究とハードワークによって、彼はのちのイギリス人の性格を形づくるほどの強烈な影響を、世に残したのです。

こんなにいる!　逆境に生まれ、お金で買えない名声を手にした人々

仕立て屋出身で最も有名になった人物はといえば、疑いなくアメリカ大統領になったアンドリュー・ジョンソンでしょう。

彼は人を惹きつける知性を持った、類い稀なる人物です。ワシントンで行われた大規模な演説では、政治家となり、議会でさまざまな役職についてきたキャリアを述べました。

そのとき、聴衆の1人が叫んだのです。

「最初は仕立て屋だろ！」

ジョンソン大統領は、この嫌味を聞くや否や、言葉をうまく切り返します。

「そう、世の中には私のことを、仕立て屋から成り上がった人間だと言う人もいます。しかし、仕立て屋だった過去は、私を卑しめるものではまったくありません。仕立て屋だったころの私は、よい服を仕立てることで評判を得てきました。期限を厳守し、お客様に対して最高の仕事をするよう試みてきたのです」


ウルジー枢機卿、『ロビンソン・クルーソー』で知られる作家のデフォー、詩人のエーケンサイドとカーク・ホワイト……彼らはもともと肉屋だった人物です。

教育家として社会に貢献したジョセフ・ランカスターは、靴職人の家に生まれました。

イギリスの産業革命を牽引した「蒸気機関」の発明で名をあげた人物に、ニューコメン、ワット、スティーブンソンの3人がいます。そのうちニューコメンはもともと鍛冶屋、ワットは計測器の製作者、スティーブンソンは一介の技師でした。

宣教師のハンティントンは石炭の運搬人でしたし、木版画の父と呼ばれたビューイックは炭坑夫。詩人であり書籍販売業者として成功したロバート・ドズリーは、もともと使用人。劇作家ホールクロフトは馬の飼育係。海軍提督のサー・クラウズリー・ショベルは、もともと甲板の作業員でした。

天文学者のハーシェルは軍楽団のオーボエ奏者でしたし、彫刻家のチャントレーは日雇いの彫り師、同じく画家のエティは日雇いの塗り師。画家のサー・トーマス・ローレンスは、宿屋の息子として生まれています。

電磁誘導の基礎を確立したマイケル・ファラデーは、鍛冶屋の息子であり、22歳になるまでは製本屋の見習いをしていた人物です。

しかし現在の彼は物理学者としてトップクラスにランクし、難解な科学理論を法則化して、師匠だったサー・ハンフリー・デイヴィーを越えてしまいました。

同じ科学でも天文学の分野で大きな功績を残した人物に目を向けると、まずコペルニクスは、ポーランドのパン屋さんの息子でした。

天体の運動を解明したケプラーはドイツの酒場の息子で、彼自身も給仕係として働いています。

「動力学」を確立したダランベールなどは、冬の夜にパリの聖ジャン・ル・ロン教会の階段に置き去りにされた捨て子だったのです。彼を拾い上げたのは、ガラス職人の妻でした。

そしてニュートンはといえば、グランサム近郊の小さな農家の息子。「天文力学」のラプラスは、オンフルール近郊のボーモン・オン・ルージュという場所で生まれた、貧しい農家の息子です。

彼らは皆、「逆境」と呼ばれるような幼少期を過ごしながらも、その才能によって、確固たる名声を手に入れた素晴らしい人々です。世界中の富を集めても、彼らが得た名声を購入することなどできないでしょう。

貧しい環境に生まれ、努力した者たちと比較すると、豊かな富を持って生まれることは、偉大になることを妨げるのではないかとすら思えます。

蔑まれた故郷に成功者として帰ってきた化学者の物語

フランスの天文学者であり数学者でもあったラグランジュの父親は、トリノで軍事財務に携わり、莫大な富を築きましたが、投機に失敗して破産しました。そのためラグランジュの家族は、大変な困窮生活を強いられます。

しかし人生を振り返ってラグランジュは、「そのときの貧困こそ、のちの名声と幸福を得るための糧になったのではないか」と言っています。

やはりフランスの化学者ボクランは、カルヴァドスにあるサンタンドレ・テベルトという村の貧しい小作農家の息子で、学校に通う際も、まともな服すら着られなかったと言います。

しかし彼の教師は内に秘めた知性の輝きに気づき、読み書きをボクランに教え、そのひたむきさを褒めて、いつも言い聞かせたそうです。

「よく働き、よく学ぶことを続けなさい。そうすればいつか、あの教区委員のように立派な服が着られるようになるから」

ある日、学校を訪ねたとある薬剤師が彼の逞しい腕を気に入り、ラボで薬剤を砕く仕事をやらないかともちかけました。ボクランも勉強を続けられることを喜び、その仕事を引き受けます。

しかし薬剤師は彼が勉強に時間を費やすことを許さず、若きボクランはそれを知るとすぐ仕事を辞め、肩荷1つを背負ってサンタンドレを去り、そのままパリへと向かいました。

パリで彼は薬剤師の助手の仕事を探しますが、なかなか見つかりません。やがて彼は疲労と貧困から病気になり、病院に担ぎ込まれることになってしまったのです。このときばかりは、彼も死を覚悟したと振り返っています。

しかしこの貧しい少年にも、人生が好転する機会がめぐってきました。

彼はなんとか病気から回復し、働き口を探し始めます。やっと1人の薬剤師のところで、仕事を見つけることができました。

ところがすぐに彼は、有名な化学者であるフルクロワに見出されることになったのです。フルクロワはボクラン青年を気に入り、個人秘書として雇いました。

そして何年もあと、この偉大な化学者が他界すると、ボクランは化学教授として彼の仕事を引き継ぐことになります。

1829年、最終的にボクランはカルヴァドスの有権者から下院議員の代表に選ばれました。彼はこれによって、貧しく蔑まれた時代を長く過ごした村に、栄光をもって凱旋することができたのです。

スコットランドの孤児がイギリスの議員になれた3つの要因

イギリス以外のほかの国の例を見ても、絶えることのない努力と執念によって、経済の最下層から、社会に影響を与える高い地位を手に入れた人物は大勢います。

この事実は同時に、厳しい境遇に生まれた者が努力によってそれをはねのけることは、決して数人の偉人だけが実現した稀な例ではないということを証明しています。

それどころか、いくつかの注目すべき例を見ると、「若いころ困難に遭遇し、逆境を乗り越えること」は、成功に不可欠な絶対条件とさえ、言えるかもしれないのです。

我が国、イギリスの下院議会を見れば、そうした不屈の精神で政治家として人々を代表する地位に上りつめた人物が、非常に多く含まれていることに気づきます。これは、貧しい出自でも優れた人々を讃え、受け入れてきた議会制の大きな功績なのでしょう。

年少者や女性の長時間労働を制限する「10時間労働法」の審議中、サルフォード選出の議員、ジョセフ・ブラザートンは、子どものころに紡績工場で働かされたときの辛く苦しい思いを詳細に語りました。

そして彼は自分で作成した労働問題の解決法を提示し、貧困層の環境改善に全力を尽くすことを誓ったのです。

ブラザートンの話は議員たちに拍手喝采されました。そして有力な政治家だったジェームズ・グレアム准男爵が立ち上がり、次のように述べたのです。

「私はブラザートン氏が、そのような貧しい層の出自だとは知りませんでした。しかし、そうした境遇から立ち上がった人間が、いまこうして世襲の郷士議員と肩を並べているのを考えると、私はイギリスの議会をますます誇りに思います」

ほかにも現存している人物で、貧しい境遇から身を起こして議員になった人物がいます。それは船の所有者として有名なリンゼー氏、最近までサンダーランド選出の議員を務めていました。

かつてリンゼー氏は、政敵からの攻撃的な質問に答えて、ウェイマスの有権者たちに自らの生い立ちを簡単に語ったことがあります。

それによると彼は14歳で孤児となり、生きる道を探すため、スコットランドのグラスゴーからリヴァプールに向かったそうです。船賃は払えなかったのですが、その分のお金を働いて返すことを蒸気船の船長に認めてもらい、石炭置き場の石炭を砕く労働をしながらの航海でした。リヴァプールで仕事を得るまでには7週間もかかり、その間、彼は物置小屋に寝泊まりし、食べるのもやっとだったと言います。

そしてありついた仕事は、西インド諸島へ行く貿易船で働く仕事。そのとき彼はまだ少年でしたが、19歳になるころには、ようやく船長に真面目な仕事ぶりが認められるようになりました。

23歳で海の仕事を退職し、陸に落ち着くと、彼はとんとん拍子に出世していきます。

「勤勉に励むこと、真面目に働き続けること、自分がしてほしいことを他人に対してし続けること……その3つこそ、私が成功できた理由です」

リンゼー氏は、そのように語っているのです。

〝それでも本を読み続けた〟労働者の少年が成し遂げたこと

同じように貧しい境遇に生まれ、その努力によって成功者となった人物に、リチャード・ゴブデンがいます。

彼はサセックスにあるミッドハーストで、小さな農家の息子として生まれました。家が貧しかったため、幼くしてロンドンのシティにある問屋へ、奉公に出されます。

ゴブデンもまた勤勉で真面目な少年であり、好奇心も人一倍旺盛だったのですが、頭の固い彼の主人は、「本なんか読むんじゃない！」と彼をきつく叱りつけました。

しかしゴブデンは、勉強をやめません。時間を見つけては本を読み、頭の中に財産を蓄え続けたのです。

一方で彼は周りの人々からの信用をつかみ、自分の評判をどんどん高めていきます。雇われていた問屋の営業担当となり、広い人脈を築きました。

やがて彼はマンチェスターで、綿織物のキャラコ染めのビジネスを始めます。一方で公共教育などの社会的問題に関心を持ち、やがてその関心は地主貴族の利益を保護する「穀物法」に向けられるようになりました。彼の人生はほぼ、この悪法を廃止する運動に捧げられたと言っていいでしょう。

面白いことに、ゴブデンが公衆の前で初めて行った演説というのは、大失敗に終わったそうです。

けれども彼は、一度の失敗になどめげませんでした。そして何度も試行錯誤した結果、イギリスで最も説得力のある、成功した演説家になったのです。彼の前では論説家として知られた首相、サー・ロバート・ピールの演説すら、かすんでしまうほどでしょう。

フランス大使だったドルアン・ド・リュイは、ゴブデンのことを熱く語っています。
「彼こそは、才能と努力と行動のみで人間が成し遂げられることを示した、生きた証拠だと思います。なぜなら彼は、社会の最下層で生まれたにもかかわらず、多くの人間がその価値を認め、尊敬の念を捧げる最高の地位にまで上りつめた人物の、いちばん完璧な見本なのですから」

富の誘惑に負けなかったイギリスの貴人たちの強さ

私が述べてきた例はすべて、絶え間ない個人の努力こそが、名誉を得るために必要な代償であることを示しています。怠け者がどんなに手を伸ばしたところで、それだけの名誉を勝ち取ることなどできません。

絶えずその手と頭を働かせること以外に、自分の内面を豊かにし、成長していく方法はないのです。

富や社会的な地位を持って生まれた者でさえ、確固たる評判を得るためには、一生懸命に努力するしかありません。

土地は家から相続できるかもしれませんが、知識や知恵を相続することはできないのです。裕福な人間は他人を雇って働かせることができますが、考えることを他人に代行してもらうことはできないし、どんな教養も人から買うことはできないでしょう。

金持ちであることや生活が安定していることが、人間が高潔であることに必要な条件でないのは明らかです。

この世界は常に、貧しい境遇から立ち上がってきた人々に大きな恩恵を受けています。贅沢や安楽は、困難に立ち向かったり、それを乗り越えたりする力を鍛えてはくれません。また、生きるために必要な活力を呼び覚ましてもくれません。

この世の中において、富もなく生まれてきたことは「不幸」とされますが、力強い「自助」さえあれば、ハンディキャップを天の恵みにも変えられるのです。もちろん落ちこぼれてつまらない人生を選ぶ人間もいますが、正しい心と信念を持った人間は、不幸な境遇の中にも強さや自信や誇りを見出し、周囲の世界との戦いの中で成功をつかんでいくのです。

フランシス・ベーコンは、次のように言っています。

「多くの人間は、自分が所有する富と、自分の内面の強さについて、取り違えて考えているようだ。富をほしがる人間は多くいても、自身を磨いて強くなろうとする人間はあまりいない。しかし井戸から水を汲み上げて飲めるのも、自身でパンを焼いて食べられるのも、生きるために学び働き、正しいものにお金を使うのも、自分を信じ、自分の欲望を抑えられる強さを持った人間だけなのだ」

富というものは、人を安易で堕落した生活へと誘惑します。そして人間は本質的に、そうした生活になびきやすい傾向を持っています。

だからこそ、十分な資産に恵まれながらも娯楽を軽蔑し、労働を愛し、自分と同世代の人々と同じように社会のために貢献した人々は、栄誉をもって語られる対象となるでしょう。

イギリスにとって名誉なことは、富裕層に属する人々の多くが、怠け者でないことです。彼らは社会によって与えられたその役割を果たし、ときには危険を顧みずに、その任務をまっとうしました。

イベリア戦争に参加した、ある富裕層出身の下位士官のエピソードがあります。彼は指揮している部隊の傍らで、泥のぬかるみに足をとられながら歩いているところを目撃され、こう言われたのです。

「さすが、年棒1万5000ポンドを稼ぐ男だけのことはあるじゃないか!」

私たちの時代で考えても、1855年のセヴァストポリにおけるにロシア軍との戦いやインドの大乱では、貴族階級の人々が喜んでその身を犠牲にし、すべてのイギリス人のために貢献しました。

そのほかにも多くのお金持ちや貴族たちが、命の危険を顧みずに戦場へ赴き、国のためにその身を捧げてきたのです。

3人分の仕事ではまだ足りなかった偉大な人物

自分の役割をまっとうした富裕層の人間は、哲学や科学などの分野でも大きな功績を残しています。

たとえば現代哲学の父とされる偉大な人物、フランシス・ベーコンもその1人です。ほかにも科学の分野では、ウォスター、ボイル、キャベンディッシュ、タルボット、ロスなどが知られています。

最後に述べたアイルランドのロスⅢ世伯は、貴族でありながら、偉大な機械技師として有名でした。もし彼が貴族でなかったら、おそらくは最高の発明家になっていたのではないでしょうか。

彼はあまりに鍛冶に精通していたものですから、貴族であることを知らなかった工場主から、「大きな作業場を1つ任せたい」と頼まれたと言います。彼が自ら製作した「ロス望遠鏡」は、それまで建設された望遠鏡としては最大のものでした。

しかし上流階級の人々が最も精力的に働いた分野といえば、やはり政治か文学になるでしょう。

もちろんこの分野での成功も、ほかのあらゆる分野と同様、絶え間ない努力と行動、そして学習を続けなければ叶わないことです。とくに有能な大臣や議会のリーダーとなれば、どんな労働者よりもハードに働かざるをえなくなります。

首相になったパーマストン、ダービー、ラッセル、ディズレーリ、グラッドストーンなどは、そうした人物の代表でしょう。

そうしたハードワーカーである政治家の中で、最も傑出しているのは、サー・ロバート・ピール元首相でしょう。

彼は知的労働をいつまでも続けられる驚異的な活力を持ち、自分のためだけに時間を使うということがほとんどありませんでした。その経歴を見れば、権力をさほど持っていない人間でも、不屈の精神と絶え間ない努力さえあれば、いかなる目標でも達成できることが本当によくわかります。

40年の間、ピール氏は議会に席を置いていましたが、その仕事は驚嘆すべきもの。なにしろ彼は、引き受けた仕事は何でも最後までやり抜く誠実さを持っていたのです。

同じく政治家では、ブルーム卿の疲れを知らない勤勉さは、もはや格言になっているほどです。

彼が公務についていた期間は60年を越えますが、その間に彼は、奴隷解放運動のほか、立法に、文学に、政治学に、科学にと、あらゆる分野で功績を残しました。彼がそこまで多くの分野で功績を残せた秘訣は何か、大勢の人にとって一種のミステリーになっているほどです。

かつてサミュエル・ローリー卿が新しい仕事を頼まれたとき、自分自身は時間がなくて断ったのですが、そのあとに「ブルーム卿のところに行ってみてはどうか？　彼ならば、どんなことでも時間をつくって処理してくれるから」と付け加えたと言います。

なぜ彼がそれだけの仕事をこなせたのかと言えば、秘密は「1分たりとも時間を無駄にしなかったこと」にあるようです。彼はそのために、鉄のような精神と肉体をつくっていました。

ほとんどの人がその仕事を引退し、安楽椅子に腰掛けて昼寝をしながら余暇を過ごすような年代になったとき、ブルーム卿は光の法則を突き止めるための困難な研究を開始します。ちょうど同じ時期、「ジョージⅢ世時代の科学者と文学者」という素晴らしい論考を発表。さらに法律事務所での仕事もこなし、議会では政治的な議論も続けていました。

ブルーム卿に対しては、こんな助言すらあったそうです。

「せめて3人の人間がこなせる量くらいに、仕事を減らしたらどうか？」

しかしブルーム卿は長く仕事を続けることを愛し、大量の仕事をこなすことが習慣になっていましたから、苦痛などはまったく感じていませんでした。

彼は人一倍、優れた人間になることを望んでいたのであり、もし彼が靴磨きになっていたら、おそらくはイギリス一の靴磨きになるまで満足することはなかっただろうと言われています。

イギリスで最も演説のうまかったユダヤ人政治家の秘密

ヴィクトリア朝時代の首相として活躍したユダヤ人政治家ディズレーリも、同じように努力によって、社会的な成功をおさめた人物です。

彼の最初の実績はと言えば、本を書いたことによるもので、何回か失敗を重ねたあとに、作家として知られるようになりました。

それこそ初期のころの『アルロイの不思議な物語』と『革命の叙事詩』は笑い飛ばされ、「心を病んだものの作品」とまでけなされたのです。しかし彼は作品の方向を転換し、『コニングスビー』『シビル』『タンクレッド』では、その天才性を証明しました。

演説家としても、彼の下院議会での初演説は失敗。その内容は「コメディで有名なアデルフィ劇場より滑稽」とまで言われたのです。大望を掲げた格調高い言葉が使われていたのにもかかわらず、ディズレーリが口を開くたびに大きな笑い声が起こりました。ハムレットを喜劇として演じても、彼の演説のおかしさには敵わなかったでしょう。

けれども、丹念に研究してきた結果を笑われながら、ディズレーリは予告したのです。

「私はこれまでたくさんのことに何度も挑戦し、それをやめることはありませんでした。いまは着席しますが、そのときが来たら、皆さんは再び、私の言葉に耳を傾けるでしょう！」

そして、そのときは来ました。

公平な選挙法の改正を求める運動の最中、世界で最初とも言えるジェントルマンの集会で、ディズレーリの演説がどれほど注目を集めたか？　それは執念と決意で物事を実行すれば、人がどんな困難でも乗り越えられることの見本と言えるでしょう。

まさにディズレーリは、忍耐強く努力することで、その地位を確立したのです。彼は多くの若者のように、1度の失敗で挫け、部屋の隅でいじけているようなことはしませんでした。その代わり、懸命に努力して、前進し続けました。

彼は注意深く自分の欠点を補正し、聴衆にどうすれば魅力的に見えるかを研究しました。それに加えて、入念にスピーチの技術を磨き、ひたすら議会に役立つ知識を頭の中に詰め込んでいったのです。彼は現在、「最も演説に巧みで洗練された政治家」として、私たちの国の歴史に名を留めています。

わずかな時間も無駄にすることを嫌った男のたどりついた結論

そのほかにもたくさんの偉業が、個人の努力とひたむきさによって成し遂げられていることは、本書の各章に紹介した例を読めばよくわかるでしょう。

同時に、人生という旅の途中では、他者からの助けも非常に重要であるということを、あなたには知ってほしいのです。

詩人ワーズワースは、このようなことを言っています。

「人が協力し合うことと、独力で成し遂げること。他人を信じることと、自分を信じること。これら2つは相対するもののように見えるが、本当は合致させていくべきものなのである」

幼い子どもから老人まで、人は他人から多くのものをもらいうけます。そして最も賢く最も強い人間は、いつもそうした助けから必要な知識を吸収できる人間なのです。

たとえばフランスの思想家に、アレクシ・ド・トクヴィルという人物がいます。彼は名家の生まれで、父親はフランスの有名な貴族の出、母は貴族マルセルブの孫娘でした。

権力を持った家柄の影響で、彼は21歳でヴェルサイユの判事監査官に任命されます。しかし生まれによって特権を得るのはフェアでないと感じたのでしょう。彼は職を放棄し、未来を自分自身の手で切り拓くことを決意したのです。

愚かな選択だ！……そう言う人間もいるでしょう。

しかしトクヴィルは、勇敢に自分が決めたことに立ち向かいました。

彼は職を辞してフランスを発ち、アメリカへ向かいます。そこで『アメリカの民主政治』という偉大な著書を書き上げたのですが、彼の友人であり旅の同行者であったギュスターブ・ド・ボーモンは、彼の疲れを知らない勤勉さを、次のように記しています。

「アレクシスは怠けることのできない性質を持っていて、移動中だろうが、休憩中だろうが、いつもその頭を働かせていた。彼にとって最も快適な会話は有用な情報を得る会話であり、最悪の日とは実りのない1日のこと。とにかく時間を無駄にすることを何よりも嫌っていた」

トクヴィル自身も、友人に次のような手紙を書いています。

「人生に休んでいい時間なんてない。誰かが助けてくれるとしても、同じくらい自分で努力しなければいけないんだ。

それは若かろうが、歳をとっていようが関係ない。世の中に生きる人は、寒い土地からより寒い土地へと移動を続ける旅人のようなものだと、僕は思っている。高い地位に上れば上るほど、その行動を速めなければいけないのだから。

風邪を引いて体が弱まるように、魂だって病気になる。それに対して抵抗するためには、自らの心で対処するだけではなく、生涯の仕事を通じて知り合った仲間たちの力を借りる必要もあるさ」

結局のところ人の個性は、何千、何万という小さな影響の積み重ねによって形づくられるのです。

それは毎日の生活の中で遭遇する生き方の見本だったり、優れた言葉だったり。あるいは、他人の人生を書いた書物や、創作によって生まれた文学など、過去の世界を生きた先人たちの言葉や行動といった遺産からも、私たちは影響を受け続けています。

その影響は私たちにとって重要なものであり、1人ひとりがそれを自覚しなければならないのは当然のことでしょう。

しかし、そうではあっても人はよきものになるため、よきことをするため、自ら行動を起こしていかなければなりません。

私たちは素晴らしい知恵やよい影響を他人から受けることができますが、最終的に私たち自身を助けるのは、「自分自身による助け」にほかならないのです。

第2章

産業界のリーダーたちの栄光

偉大な発明はいかにして生まれたか

「これからの世界を担うのは、労働と科学である」
――ド・サルヴァンディ伯（19世紀フランスの政治家）

「発明だけに限ってみても、下層階級の人々がイギリスのためにやってくれたことをすべて差し引いたら、この国はいま、どの段階で立ち止まっていただろう」
――アーサー・ヘルプス（イギリスの歴史家）

なぜ私たちは働かなければならないのか？

イギリス人の最も力強い特徴といえば、産業によって育まれた精神ではないでしょうか。それははるか過去の歴史を見ても目立っているのですが、産業革命以後の近代史を見れば、より顕著になります。現代のイギリスが世界中に領土を広げ、帝国の基盤を築いているのは、まさにこの精神があったからでしょう。

この国家の強力な成長は、国民の自発的な努力によって生まれたものです。

土を耕す人であれ、日常で使うものの製造者であれ、道具や機械の発案者であれ、本の書き手であれ、美術作品の創作者であれ、人々はその都度、自身の手や頭を使って、自らの役割を果たしてきたのです。

ものを生み出す意欲的な精神はずっと私たちの国の原動力であり、法に不正があったり、国家制度が完璧ではなかった時代でも、国を助け、救ってきました。

私たちの国が推進してきた産業の発展を見れば、それが最高の学習機会にもなってきたことがわかります。

あらゆる人々にとって、しっかりと仕事に取り組むことは、最も健康によいトレーニングになりますから、国にとっても最高の修行場となるでしょう。誇り高い産業の発展は、労働の義務をともなった人間の歩む道とともにあり、神様はそれを本人の幸福にもちゃんとつなげてくれるのです。

ある詩人は述べています。

「神は労働と苦役を、楽園に続く道に乗せた」

人は体と心を労働で酷使しない限り、甘いパンにはありつけないのです。

働くことによって、人は大地を切り拓き、野蛮人の生活から解放されました。労働なくしては、人間が文明に向かって一段階前進することもありえなかったでしょう。

労働は義務であり、必須の人間活動であるだけではなく、神様からの恵みでもあるのです。それを呪われた宿命のように感じるのは、怠け者だけです。

「君は働かなければならない」という指示は、生まれたときからすでに、私たちの足の筋肉に、手や指の動きに、脳神経の中に、すでに書き込まれています。だから健康な人であれば、働くことによって満足感や喜びを得ます。

「労働」という名の学校は、私たちに最も実用的な英知を授けてくれます。その英知は単に「どのように働けばいいか」というだけではなく、「どうすれば文化的な豊かさを手に入れられるか」という高尚なものも含んでいるのです。

偉大な機械は、人間の努力を示す記念碑だ

すでにこれまで、労働者階級から飛び出し、科学、商業、文学、芸術など、さまざまな分野で成功を手にした人物たちの話をしてきました。そのことは、富や労働条件の不平等が、決して乗り越えられない困難な問題ではないことを示しています。

国に莫大な富と力をもたらした発明や発想を考えると、人類は総じて、社会的身分があまり高くなかった人たちに多大な恩恵を受けています。

実際、彼らが成し遂げた部分を差し引けば、残りの上流階級が産業分野で成し遂げたことなど、ほんのちっぽけなものにすぎないでしょう。

発明家は、いくつかの最も巨大な産業を、この世の中にもたらしてきました。

多くの必需品や娯楽品、また贅沢品は、発明家によって社会にもたらされたものです。また

発明家たちの才能と労働によって、私たちの日常は便利になっただけではなく、快適で楽しいものになりました。

私たちの食料、衣類、家具、冷気を遮断し光を通してくれるガラス、通りを照らしてくれるガス灯、海や陸の移動手段、さまざまな生活必需品や贅沢品を製作する道具……これらはすべて、多くの人が労働に力を注ぎ、頭を使って創造してきた成果なのです。

人類はこれらすべての発明によって、より幸福になりました。個人だけではなく、大衆の喜びも、発明が生み出した価値によって毎日、増加し続けているのです。


19世紀の現在において、発明の王と言えば蒸気機関になるでしょう。しかしそのアイデアは、何世紀も前に生まれていました。

つまり、ほかの発明や発見と同様に、蒸気機関も段階を経て、一歩一歩、完成への道をたどっていったのです。

1人の人間が、自分の時代には役に立たなかった仕事の結果を次の世代に伝え、後継者たちはその時代の技術を使って、これを新たな段階にまで進化させる。そんな何世代にもわたる追求によって、1つのアイデアが実を結びました。

蒸気機関の発端は、紀元1世紀のアレキサンドリアに生きたヘロンによるアイデアと言われますが、これは決して消失しませんでした。まるでエジプトのミイラの手に握られていた穀物の種のように、見事に現代科学の光によって再び花開き、力強く育つことになったのです。

しかし蒸気機関も、実際に機械工がその手で動かすまでは、単なる理論の枠を出ませんでした。

そしてこれが動かされるまでには、忍耐強く探究を重ね、困難に立ち向かいながら、最後には英雄的な努力によって勝利をつかむまでの、輝かしい物語が存在しているわけです。


人類が生み出した偉大な機械が、こうした物語を語ることはありません。

しかしそれらの中には必ず、人が自助の力で勝ち取った記念碑が存在しています。

蒸気機関を考えれば、その発明には技師のセヴァリーに、ダートマスの鍛冶屋ニューコメンに、ガラス工のカウリーに、少年技師のポッターに、土木技師のスミートンに……と、大勢の人が携わりました。ただ、その中で、蒸気機関の発明者として知られるジェームズ・ワットが、労働力や忍耐力や疲れ知らずの活力で勝っていた……ということだけなのです。

孤高の発明家ワットの成し遂げた偉業

ワットというのは、おそらく世の中で最も勤勉だった者の1人に入るような人物であり、それは彼の人生が証明しています。

彼の功績を知れば、最高の成果を上げる人間は、生まれ持って才能があった人間ではなく、学ぶことと働くことに力を集中させた人間であることがわかるでしょう。ワットの時代、多くの人間は彼よりも知識を持っていましたが、その誰もが彼ほど汗水を流して働かなかったし、彼ほど知識を自分の目的に生かそうとはしなかったのです。

彼はすべてに優先して、事実の解明に全力を尽くしました。あらゆる思考を、１日のうちで休む時間がないくらい、自分が解明しようとしている蒸気機関の発明に集中させていたのです。同じく発明家だったエッジワースも、「人の知力に差がつくのは、それぞれの実行力の違いよりも、１つのことに集中する習慣を早くから身につけるかどうかにある」と述べています。

少年時代、ワットはおもちゃで遊んでいるときに、科学について興味を持ちました。大工だった父親の作業場にあった天体観測の道具は、彼を光学や天文学の勉強に導きます。また、彼は自分が病気になったときに生理学の勉強を始め、１人で国中を歩き回ることで植物学や歴史学の勉強もしました。

彼は計測器の製作を仕事として始めますが、その傍らでオルガン製作の注文も受けます。そして音楽を理解する耳はまったくなかったのですが、音声学を独学で研究し、難しい楽器の製作を成功させたのです。

そしてこうしたあらゆる挑戦と同じように、蒸気機関の発明も、ワットがゼロからすべてを情熱的に吸収して成し遂げられたものです。

当時、発明家ニューコメンがつくった小さな蒸気エンジンの試作品が、グラスゴー大学に保管されていました。その修理を依頼されたワットは、それから熱について、蒸発や凝縮の仕組みについて、そして機械工学や建築工学について、独自のやり方で学んでいきます。

そしてとうとう、彼オリジナルの蒸気機関を完成させてしまったのです。

ワットは10年間、発明の仕事に邁進します。その間、彼を励ましてくれるような友人もほとんどいませんでした。

彼は1人で探究を続けながら、その間、象嵌の加工品を売ったり、バイオリンやフルートなどの楽器の製造や修理をしたり、測量士として石造建築や道路補修、また運河の建設に携わることで、家族が食べるパン代を稼ぎました。とにかく頼まれた仕事は、素直に何でも受けていたのです。

やがてワットは、自分にピッタリのビジネスパートナーを見つけます。それは優秀であり努力家だった発明家マシュー・ボールトンでした。

ボールトンは腕が巧みで精力的なだけではなく、先見の明もありました。そしてワットが開発した蒸気機関を実用化させるための事業を起こし、2人の成功は歴史に残るものとなったのです。

貧しい農家に生まれた「パセリ・ピール」の大発明

イギリスにはあらゆる産業において精力的に働き、近隣住民に利益をもたらすだけではなく、広い社会に力と富をもたらした発明家や開発者が大勢います。

中にはその子孫が、イギリス史において注目される存在になっている人物もいます。南ランカシャーのピール家は、その代表でしょう。

18世紀の中ごろ、ピール家の創始者は、ブラックバーン近郊の「ホール・ハウス・ファーム」で働く、小規模農民でした。その後、一家は、同じ町のフィッシュレーンという場所に引っ越します。ロバート・ピールは、そんなピール家で生まれ、男女の兄弟たちと大家族の中で育ちました。

ブラックバーンの土地は痩せ細っており、ロバートは、「農業だけで大家族を支えるのは難しい」と考えます。

当時この地の地域産業は、「ブラックバーン・グレイ」と呼ばれる織物。横糸に麻、縦糸に綿を使うこの織物は、ブラックバーンとその近隣都市の主要産業になっていました。それは近代的な工場のシステムが導入される前の話ですから、普段は畑で働く農家の家族が、畑仕事のないときに家で織物を製造していたのです。

ロバート・ピールも、このやり方を受け入れ、キャラコという織物の家庭製造を始めました。真面目に一生懸命働いたので、彼の商売は繁昌していきます。また、発明されたばかりのカード式のシリンダーを利用した織り機なども、真っ先に導入します。

しかしロバートの関心は、キャラコという織物の、まだ当時知られていなかった〝染色〟の技術にあったのです。

彼は機械で染色ができないか、何度も実験していました。

その実験は彼の家で、秘密に行われています。実験で使う布には、母親や姉妹たちの手でアイロンがあてられました。

その当時、ピール家のような身分の家庭では、錫《すず》製の食器が使われるのが一般的でした。ロバートは、1枚の錫の皿に描かれた図形や絵柄をスケッチしていたとき、ふと閃きます。

「このお皿を裏返しにし、染料をつけて、キャラコに押しつければいいのではないか?」

ちょうどピール家の農場の先に、キャラコのつや出しをする「カレンダー」という機械を持っている女性が住んでいる小さな家がありました。ロバートはその家に行き、絵柄の部分に色を塗った皿を取り出すと、その上にキャラコを被せ、機械に通します。

すると見事な絵柄が、布の表面に写し込まれたのです!

これがキャラコ織の「ローラー・プリンティング」の始まりとされています。

ロバート・ピールはその後すぐ、染色の工程を完成させました。

彼が最初に絵柄として選んだのは、パセリの葉です。だから現在でもブラックバーン近隣の人々は、彼のことを「パセリ・ピール」と呼びます。

事業が成功すると、ロバート・ピールは農業をやめ、ブラックバーンから2マイル離れた村に移住します。そして自分の仕事を、染色一本に絞り込みました。

ロバート自身の努力と息子たちの助けで、彼の事業は何年もの間、成長を続けていきます。そして息子たちが一人前になると、ピール社の事業はさまざまな分野に分かれていきます。

それらすべてが主要な産業となり、大勢の人々によい働き口を提供したのです。

父親をあてにせず〝掘っ立て小屋〟から始めた2代目社長

初代の爵位を持たないロバート・ピールの性格について伝えられるのは、機敏で目のつけどころがよく、非常に広い視点を持っていたということです。

でも、彼の息子たちがいずれも早く亡くなっているため、伝説のようになっていること以外、彼についてわかっていることはほとんどありません。

彼の息子であるロバート卿は、こんな言葉を残しています。

「私の父は、真の意味で一族の創始者と言えるでしょう。ただ彼は、むしろ国家的な視点で、商売がもたらす富が重要であることを認識していました。よく彼は、国が取引によって得る利益に比べたら、個人の利益など些細なものだ、と言っていたのです」

このロバート・ピール卿は、一族で初めて貴族の称号を得た人物であり、ピール社の2代目の事業主となった人間です。

彼は父親から、冒険心に才能に、勤勉さにと、あらゆるものを受け継いでいました。若いころは普通の労働者とさほど変わらなかったのですが、父親が事業を始めると自分も将来に向けた事業の基礎固めを考えるようになり、父とともに資金不足から生じる問題を解決しようと格闘していました。

2代目ロバートがキャラコと同様のやり方で綿にプリントをする「コットン・プリント」の事業で独立しようと決意したのは、まだ20歳のころです。

父親からすでに事業のことも学んでいるし、叔父のジェームズ・ハワースとブラックバーン出身のウィリアム・イェーツという人物が、彼に力を貸します。

ただ、3人が集めた資金を足しても、全部でたった500ポンドにしかならなかったのです。この資金の大半は、ウィリアム・イェーツによるものでした。

イェーツの父親はブラックバーンの地主で、地元の尊敬も集めていました。父親は「コットン・プリンティング」という得体のしれないビジネスを〝有望〟と考え、自らのお金を息子たちに喜んで提供してくれたわけです。

ロバートはハワースとイェーツに比べれば、まだ若造にすぎません。しかしビジネスにおいては、実践的な知識を提供します。

彼については、こんなことも言われています。

「ヤツは体こそ若いけれど、頭は老人並に賢いよ」

これは事実、その通りでした。

3人は、当時まだ小さな町だったベリーで、廃墟になった製粉工場と隣接した畑を安く手に入れます。これは事業に成功したあとに「ザ・グラウンド」と呼ばれるようになった場所です。

そして2、3の掘っ建て小屋のような木造の建物をそこに建てると、非常にみすぼらしいスタートではありましたが、1770年に「コットン・プリティング」の事業を開始するのです。

数年後には紡績業も始めることになります。

会社ができたばかりのころ、3人がどれだけ質素な生活をしていたかは、次のようなエピソードからわかります。

イェーツは結婚していて家族もいたので、生計を賄うために小規模な下宿屋を始めていたのです。そして独身だったロバートは、イェーツのところに下宿人として住まわせてもらうことになりました。

世話代込みの下宿費として、彼が最初に払ったのは週に8シリングのみでした。共同事業者でありながらイェーツはこれでは少なすぎると感じ、もう1シリング上乗せしてほしいと通告します。

ロバートは最初、これを断り、2人の間には意見の対立が起こります。けれども最終的には週に6ペンスの上乗せをすることで、2人は妥協することにしたのです。

イギリスでナンバーワンの染色会社ができあがるまで

ところでウィリアム・イェーツには、エレンという名の長女がいました。そして彼女はすぐ、若きロバートのお気に入りの女の子になったのです。

「ザ・グラウンド」のハードな仕事を終えて帰宅すると、よくロバートはまだ小さかったエレンを膝の上に乗せ、彼女に言いました。

「かわいいお嬢さん、僕のお嫁さんになってくれますか？」

子どもだったエレンは、誰もがそうするように気安く答えます。

「いいわよ！」

「ならば僕は待ちましょう。僕の相手はお嬢さん以外にありませんからね」

ロバート・ピールは、本当に待ったのです。

彼女は大人になるにつれ、本当に美しい女性になっていきましたから、ますます彼は待つ決意を固くしました。

10年後、そのころには彼らの奮闘によってビジネスも絶好調になり、ロバート・ピールとエレン・イェーツは結婚します。エレンはそのとき、17歳になったばかりでした。

こうして母親の下宿人であり、父親のビジネスパートナーだった男性の膝の上でかわいがられた美しい女の子は、ピール夫人となったのです。彼女は未来のイギリス首相の母となり、のちにレディ・ピールと呼ばれるようになります。

レディ・ピールは気高く美しい女性で、人生のどのような場面においても、品格をもって振る舞いました。

彼女は稀に見る強い心の持ち主で、あらゆる緊急事態にも、崇高な精神を持ち、夫にとって信頼できる相談役となります。結婚してからずっと長い間、彼女は夫の秘書役に徹し、とくに仕事上の文書などは彼女が筆をとりました。なんせ夫はこの種の仕事が苦手で、ひどく悪筆でもあったからです。

イェーツ・ピール社の事業はずっと好調で、その間ずっと、ロバート・ピールは、会社の精神的支柱でした。

彼は精力的に働き、実務能力に長けていただけではなく、商売感覚も持っていました。この商売感覚は、初期の紡績業者たちに大きく欠けていた能力です。

彼は鉄の意志と肉体を持ち、休みなくコツコツと働きました。

まもなく彼らの工場は、イギリスの繊維染色事業のトップに立ちます。初代のピールが立ち上げたキャラコ染色を合わせ、ピール家の人々はイギリス各地の工場を、変わらぬ精神で経営していきました。

やがてそれらの工場は、富をもたらすだけではなく、イギリスにおける繊維産業の見本となり、大勢のベンチャー企業の見本にもなったのです。

ヒースコート、不可能と言われた発明への挑戦

ほかに優れた産業の創造者を挙げれば、ボビンネット機を発明したジョン・ヒースコートがいます。

ジョン・ヒースコートは、1783年、ダービーシャー州ダフィールドの小さな農家で、最も年少の息子として生まれました。

学校でも彼は真面目で、成績もよかったのですが、早いうちに学校をやめさせられ、ラフバラーという町の近くにあった機械職人のところへ奉公に出されます。

ヒースコート少年はすぐに道具を器用に扱う術を学び、その工場で扱っていた編み機や織り機などのさまざまな知識を身につけていきました。そして暇ができると、彼は「機械をどうしたら改良できるか」を研究したのです。

彼の友人だったバズレー氏によると、ヒースコートは16歳のころから、当時バッキンガムでもフランスでも手編みでつくられていた「レース」を、手に頼らずに編む機械を発明するアイデアを持っていたそうです。

彼が初めて実用化したのは、改良した新しい〝糸巻き機〟でした。それには独自の工夫が施されていて、レース製の「ミッツ」という婦人用の手袋をつくることができるようになっていました。

改良機の成功で、ヒースコートは本格的に「レース製造機」の開発をしようと決意します。そのころすでに「靴下編み機」の改良版によって、「ポイントネットレース」と呼ばれる商品は、機械編みされていました。ただこれは靴下のような筒状の商品で、もろくて破れやすく、不満の多い商品でもあったのです。

ノッティンガムの優れた機械工たちは、長い年月をかけて、機械の改良に取り組んできました。ただ難問は、「いかにしてレースのメッシュ模様をつくるために、糸を捻って縒《よ》り合わせるか」というもので、誰もこの技術を機械で実現することができなかったのです。

ある者は研究に時間を費やしすぎ、貧困のうちに亡くなりました。また、ある者は心を病んでしまいます。

誰1人、機械の発明には成功せず、古いタイプの編み機が依然、幅をきかせていたのです。

ヒースコートは21歳になったとき、このノッティンガムの町へやってきました。

すでに技術を身につけていた彼は、この町ですぐに仕事を見つけます。それはさまざまな編み機を修理する仕事だったのですが、高い報酬もすぐにもらえるようになりました。機械工としての才能と、広い知識、それに穏やかで分別のある態度は、この町の人々の尊敬を集めたのです。

そして彼は、頭の中を占めていた大きな問題に取り組み始めました。

それが「糸を捻って編むことのできる機械」の開発です。

彼は最初、「バッキンガムレース」とか「ピローレース」と呼ばれる、手製のレース編みの研究から始めました。手の動きと同じ動きを、機械に導入しようと考えたわけです。

それは長く大変な労力を要する作業となりました。同時に大量の創意工夫と忍耐も必要になりました。

彼の雇い主だったエリオットは、当時の彼についてこのように語っています。

「彼は創造的で忍耐強く、不屈の精神を持っていました。何度失敗してもあきらめず、いつか自分の発明は成功すると信じていたのです」

こうして発明された「ボビンネット機」ほど、言葉で説明しにくい複雑な発明もありません。

それは手製のレース編みで使われていた「ピロー」という道具を機械にしたようなもので、レース職人がメッシュを編むときの器用な指の動きを、機械で忠実に真似ることに成功していました。

彼の努力は、ついに実を結びました。24歳のとき、彼はこの発明で特許を取得したのです。

ヒースコートが発明をしている間、彼の妻もまた、同じくらいに大きな悩みを抱えていました。それは何より、彼がどれほどの苦労を重ね、発明に挑んでいるかをよく知っていたからです。

何年もあとに彼らが莫大な収入を得るようになっていたころでも、2人はある晩に交わした会話をはっきりと覚えていました。

「今度はうまくいきそう？」

「ダメだね。また分解して、最初からやり直さないと……」

ヒースコートは前向きに、陽気に話していたつもりだったのですが、優しい妻はもう感情を抑えることができず、その場に座り込んで、激しく泣き出してしまったそうです。

けれども彼女が待たなければならなかったのは、それからたった数週間でした。

長い苦労の果てに待ち望んだ成功は、もう目の前に迫っていたのです。

家に戻り、ようやく完成した「ボビンネット機」で編んだレースを妻の手に渡したとき、ジョン・ヒースコートはさぞ誇らしく、幸せを感じていたことでしょう。

発明家を襲った歴史に残る破壊運動

1809年、ヒースコートはレスターシャー州のラフバラーで、レース製造業者として自立しました。

そこで彼は数年間、順調に事業を続け、週に5ポンドから11ポンドの賃金で雇われる多くの工員を抱えます。

新しい機械の導入によって、レース製造に携わる労働者の数は、ものすごい数で増加していました。にもかかわらず、働く人々の間で、「機械によって仕事が奪われる」という噂が囁《ささや》かれ始めたのです。やがて、あらゆる場所の機械を破壊しようという、大規模な共謀が企てられます。

編み機などの機械は非常に繊細な構造で、ハンマーで一撃を受ければ、すぐに役に立たなくなってしまいます。しかも当時の工場は、町から離れた私有地にぽつんと建っていることが多く、破壊する機会はいつでも簡単に見つけられたのです。

暴動の中心となったノッティンガムと周辺の都市では、機械の破壊者たちが組織をつくり、定期的な集会を開いては暴動のプランを練っていました。

信じていたにしろ、いなかったにしろ、彼らは、自分たちが「ネッド・ラッド」、あるいは

「ラッド将軍」なる人物に率いられていると主張し、そのためこの暴動は「ラッダイト運動」と呼ばれるようになります。

この組織的な機械の破壊運動は、1811年の冬に最も勢いを増し、大惨事を招きました。大勢の労働者が工場を破壊され、職を失っています。

機械の所有者はといえば、できるだけ破壊を防ぐため、住んでいた村や郊外を離れ、街中の倉庫に工場を移したのです。この恐怖の時代は数年間続くことになりました。

大勢の工場主と同様、「ボビンネット機」の発明者であるヒースコートも、ラッダイトによる破壊を逃れられませんでした。

1816年の夏、ある晴れた日のこと、ラフバラーの工場に、松明を持った一群の暴徒が乱入しました。彼らは工場に火をつけ、37機のレース製造機を破壊します。

その損失額は1万ポンドにのぼりました。

10人の男性が重罪で逮捕され、そのうち8人が処刑されます。

ヒースコートは州に損害賠償を求めますが、これは却下。しかし王座裁判所が彼の要求を支持し、州に1万ポンドの損失を保証するように命じたのです。

州知事はレスターシャー州で使用されることを条件に損害の補償を認めますが、この条件にもヒースコートは同意しませんでした。

なぜならすでに、彼は工場をほかの地に移すことを決めていたのです。それはデヴォンシャー州のティバートンという町で、彼はその昔、毛織物工場として使われていた大きな建物を見つけていました。

ただティバートンという町の織物業はすでに廃れ、建物がずっと使われないだけではなく、町自体もひどく貧窮して、寂れた状態にあったのです。それでもヒースコートはこの古い工場を買い取り、より大規模にリニューアルされた形で、事業を再建することに決めたのです。

あらゆる人に愛された「伝説の機械工」の晩年

ヒースコートは、ティバートンで新しい工場を再開します。そこでは300機もの機械をフル稼働させ、大勢の職人を高賃金で雇い入れました。

しかもレースの製造だけではなく、合糸や絹糸、網の製造や織物の仕上げなど、ボビンネット機の技術をさまざまな分野のビジネスと結びつけたのです。

彼はまた、ティバートンに製鉄所と農業機械の工場も建設しますが、これも地域の産業に大きく貢献しました。

そのほか彼は蒸気機関の力を使い、日常生活のさまざまな重労働に役立てるような面白いアイデアも考えていました。そして長い時間の苦闘の果てに、蒸気で動く耕作機を発明したのです。1832年に彼はこの発明で特許を取りました。

この耕作機はその後、ファウラーの発明によって主役の座を奪われてしまうのですが、そのころに発明された機械の中では、最高のものと考えられていたのです。

ヒースコートという人間は、天から素晴らしい才能を授かって生まれました。

彼は理解力が高く、頭の回転が速く、これ以上ないほどビジネスのカンには優れていました。その才能に、彼は正義感や正直さ、誠実さという、人間が持っている素晴らしい特質を結びつけたのです。

彼は自分が独学で学ぶ苦労を強いられましたから、雇用した若者たちを励まして積極的に学ぶ機会をつくり、その才能を磨き、やる気を高めるよう努めました。

彼のもとで働いた2000人の従業員たちは、ヒースコートのことを〝父〟として慕っていました。彼もそれに応え、彼らが癒され、快適に暮らせるように注意深く労働環境を整えたのです。

多くの成功者と違って、富を所有したことは、決して彼を傲慢な人間に変えませんでした。彼は貧しい人間や苦労している人間の不満にも耳を傾け、いつも彼らに同情し、援助をするようにしていました。たとえば労働者たちの子どもに教育の機会を与えるため、6000ポンドを使って学校を建てたりもしたのです。

いつも陽気で明るく、どんな階級の人であっても、知れば知るほど好きになってしまうのがヒースコートという人間の特徴でした。

そのヒースコートは1831年、ティバートンの町への多大な貢献が認められ、町の有権者から下院議員に選ばれます。その職を、彼は30年近く務め上げました。

彼の同僚で、任期の間ともに働いたパーマストン卿は、公の場で何度もヒースコートのことを「素晴らしい友として尊敬している」と述べています。

高齢となり、体力も落ちたため、1859年に彼は引退を宣言しますが、彼を慕う1300人の従業員たちは、銀のインク立てと金のペンを贈って彼に感謝の意を伝えました。

しかし彼が余暇を楽しめたのはたった2年で、1861年の1月、77歳でこの世を去ったのです。誠実で人徳があった、天才的な機械工の伝説は、いまも彼の子孫たちの誇りになっています。

運命に翻弄されたフランスの発明家

次は、まったく別の種類のキャリアを歩んだ人間を紹介しましょう。輝かしい功績を上げながらも、不幸な人生を送った男。フランスの発明家、ジョゼフ・マリー・ジャカールです。

ジャカールは、リヨンの働き者夫婦の息子として生まれました。父は織工で母はパタンナーをしていました。夫婦は非常に貧乏だったため、ジャカールに十分な教育を受けさせることができません。ある程度の年齢になるともう、仕事を学ばせようということで、製本業者のもとに預けられます。そのお店で経理をしていた年配の事務員が、彼に数学を教えたそうです。

ジャカールはやがて、機械の分野で類い稀なる才能を発揮し、いくつかの発明品もつくり出しました。これに驚いた事務員は、「製本屋にいるよりも、もっと別の仕事を探したほうが彼のためになるのでは」と、ジャカールの父親にアドバイスします。

そこで彼は刃物屋の見習いとなるのですが、主人にひどい扱いを受けたため、すぐに辞めてしまいます。今度は活字を鋳造する工場で働くことになりました。

やがて両親が亡くなると、ジャカールは嫌でも1人で生きていかざるをえなくなります。父親が所有していた2台の織り機を引き継ぎ、自ら織物業を始めることになりました。

彼はすぐに、この織り機の改良を始めます。ところが、あまりにそれに没頭しすぎてしまったために本業を忘れ、気づいたらお金が底をついていたのです。彼は借金を返すために織り機を売らざるをえませんでした。

しかも彼はそのころ結婚し、妻を養わねばならなくなっていたのです。さらに彼は貧しくなり、債権者の言うままに家も売ることになります。

ジャカールは仕事を探しますが、ずっと発明を夢見ていた彼は「怠け者」とみなされていたため、働き口がなかなか見つかりません。

やっと見つかった仕事はブレスという町の織維工場で、妻はリヨンに残って麦わら帽子をつくる仕事をしながら、不安定な生活を続けました。

それから数年の間、ジャカールがどうしていたのかは、何も記録がありません。けれども1790年、彼は織物に使う縦糸を取り分ける新しい機械を世に出しています。これは、それまで「ドローボーイ」と呼ばれていた少年たちの仕事を代行する機械でした。それを見るからには、ずっと繊維産業の発展のため、織り機の改良を研究し続けていたのでしょう。この新しい機械はゆっくりとですが確実に普及し、発明から10年で、リヨンの町では4000台が稼働することになりました。

しかしジャカールの夢は、始まったフランス革命によって、再びもろくも崩れ去ってしまうのです。

1792年、彼は王政側のリヨン義勇兵に所属し、デュボア・クランセが率いる議会軍と戦っていました。しかしリヨンの町が陥落すると、ジャカールはライン軍に参加し、そこで軍曹の地位に昇格します。

彼はそのまま反革命軍の兵士として、闘い続けるつもりだったのでしょう。

ところが、たった1人の息子が彼のそばで撃たれ、絶命してしまったのです。

彼は軍を去り、リヨンにいる妻のもとに戻りました。

皇帝ナポレオンを感心させたジャカールの偉業

ジャカールの妻はそのころ屋根裏部屋に住み、相変わらず麦わら帽子をつくる昔ながらの仕事をしていました。ジャカールは彼女とともに隠れるように暮らしますが、頭の中に浮かぶのは、長年の間あたためてきた発明のアイデアです。

けれども、それを実現させるには資金がありません。ジャカールは隠れ家のような住まいから出て、仕事を探さなければなりませんでした。

彼はなんとか教養ある工場主のもとで仕事を見つけ、昼は働き、夜は研究をする生活を始めます。

あるとき彼は、織り機の大きな改良によって、より優れた商品が製造できることに気づきます。そしてある日、雇い主にそのことを打ち明けました。同時に自分自身には資金がなくて、そのアイデアを実現できないことも伝えます。

幸いなことに、雇用主はジャカールのアイデアの価値を認め、いくらかのお金を用立ててあげます。そうして彼は余暇の時間を使い、織り機の改良に取り組んだのです。

3ヵ月後、ジャカールは、職人たちの面倒な作業を取り除いてくれる、新しいタイプの織り機を完成させました。

その織り機は1801年のパリ産業博覧会に展示され、銅メダルを授賞します。しかも名誉なことに、大臣のカルノーが直々にリヨンを訪ね、発明の成功を讃えたのです。

その翌年、海の向こうのロンドンでは、芸術協会が魚を獲る網の製造機を発明した技術者に賞を与えました。この話を聞いたジャカールは、いつものように野原を散歩しているときに、アイデアが浮かんだのです。

自分ならもっと優れた、網の製造機がつくれるかもしれない……。

いまや友人となっていた工場主に、彼は自分のアイデアを伝えます。そして彼は再びジャカールに資金を用立て、3週間後にはこの新しい機械も完成したのです。

この成功を耳にしたのは、時のリヨン知事。知事は役所にジャカールを呼び、機械の説明を聞きました。そしてこの報告は、皇帝ナポレオンに送られたのです。

発明家ジャカールは機械を携えてパリへ赴き、ナポレオン皇帝に謁見することになります。皇帝は彼の天才性を褒め讃え、謁見は2時間に及んだとされます。ナポレオンの人柄もあり、ジャカールは織り機の改良に関する話も詳細に伝えることができました。

その結果、彼はフランス国立工芸院の中のアパートメントの使用を許可され、滞在中はアパートの中にある工房も自由に使えることになります。加えて、十分な補助金ももらえるようになったのです。

国立工芸院でジャカールは、織り機のより緻密な改良に努めます。

1ヵ月後に彼が完成させた織り機では、ドローボーイや模様の読み取りの仕事も含めた、すべての工程が機械でまかなえるようになっていました。ジャカールはこの新しい織り機で美しい模様を織り込んだ数ヤードもの織物を織ると、これをナポレオン皇帝の王妃ジョセフィーヌに贈ったのです。

ナポレオンはこの発明家の仕事に感激し、最高の職人たちに何台もの「ジャカール・モデル」の機械をつくらせ、それを彼に贈りました。こうして彼は、リヨンに凱旋することになります。

世界は「偉大な仕事」をいつしか忘れてしまう

しかしジャカールがリヨンに戻ると、待っていたのは多くの発明家を襲った不運でした。彼は機械を導入することで町の人々から仕事を奪い、毎月食べるパンを取り上げる存在として、敵視されたのです。

テロー広場で行われた激しい会合では、機械を破壊することが決議されます。これは軍の介入によって止められました。

それでもジャカールは非難され、彼そっくりにつくられた人形が首吊りでさらされます。

ジャカール自身も暴徒によって埠頭に連れて行かれ、海に沈められかけたこともあったくらいです。

しかしジャカールの発明の価値は否定しようがなく、成功するのはもはや時間の問題でした。彼は何人かのイギリス人の絹織物業者から、イギリスへの移住を勧められます。しかしリヨンの労働者から情け容赦のない残酷な仕打ちを受けても、彼の愛国心は、国外への逃亡を自らに許しませんでした。

やがてイギリスの織物業者がジャカールの機械を使い始めると、リヨンの労働者はコロッと態度を変えます。競争でイギリス人に負けることを恐れた彼らは、熱心にこの機械を導入するようになりました。ジャカールの機械は、織物産業のあらゆる分野で使用されます。

その結果、労働者たちの「仕事がなくなる」という怖れも、杞憂にすぎなかったことがわかります。織り機の導入によって、仕事が減るどころか、少なくとも10倍くらいの新しい労働需要が生まれたのです。リヨンでは大勢の人間が工場で働くようになり、経済学者レオン・フォーシェによれば、その数は1833年で6万人にのぼったと言います。その数は、以後も増え続けました。

晩年、ジャカールは静かに余生を過ごします。

かつて彼を海に沈めようとした労働者は、いつしか彼の栄光を記念して、誕生日にパレードをしたいと申し入れます。けれども派手なことを嫌うジャカールは、こうしたデモンストレーションを受けつけませんでした。

その後、リヨンの市議会が地域振興のため、さらなる機械の改良に取り組んでほしいと依頼します。ジャカールはささやかな恩給を条件にこの仕事を受けますが、その額も自身で見積もったものでした。

この仕事を終えたあと、彼は60歳で引退します。父親の故郷だったウーランに移り、その地で1820年にレギオンドヌール勲章を受けたあと、34年に他界します。

ジャカールを讃えた銅像がリヨンに建てられますが、彼の親族たちは貧困から抜け出せませんでした。

彼が亡くなった20年後、彼の2人の姪は、たった数百フランで、叔父がルイ18世から授与された金のメダルを売ってしまいます。

あるフランスの作家は、こう書いています。

「リヨンの産業に多大な貢献をした男に対する町の感謝は、結局のところはその程度のものだったのだ」

偉大な文明の陰には、いまや忘れ去られた発明家たちの命の輝きが眠っているのです。

第3章

「最高の陶器」に生涯をかけた人たち

パリッシーとウェッジウッド、
怒濤の人生を歩んだ、偉大な製作者

「忍耐とは、不屈の精神の基礎となる、最も素晴らしく価値ある要素であり、また非常に得がたいものでもある。あらゆる喜びの、またあらゆる力の根っ子には忍耐があり、我慢と仲よくならなければ、希望は幸福に実を結ぶ前にしぼんでしまう」

――ジョン・ラスキン（19世紀イギリスの美術評論家）

「25年前、素晴らしい釉薬が塗られた陶器に出会った。それ以来、知識がまったくなかったにもかかわらず、この研究を始めた。まるで暗闇の中を、手探りで進むようなものだった」

――ベルナール・パリッシー（16世紀フランスの陶器製造者）

「陶器」をヨーロッパに復活させた〝不眠不休の男〟

さまざまな分野の歴史の中でも、製陶業の歴史の中で起こったことほど、「忍耐力がいかに偉大な成果を導き出すか」を示すものはありません。

そもそも粘土から素焼きの土器をつくる技術というのは、古代国家のほとんどでよく知られていたことです。しかし釉薬《うわぐすり》を塗った陶器をつくる技術というのは、ほとんど知られてきませんでした。

かつてイタリアの古代エトルリア人は、この技術で陶器をつくっており、その一部は収集家のコレクションの中で見ることができます。

しかしその技術は一度失われ、近年になるまで復活することはありませんでした。だからエトルリア製の陶器は非常に貴重なものとされ、皇帝アウグストゥスの時代には、「花瓶1つで同じ重さの金と同等の価値」とされていたのです。

その後、イスラム教徒のムーア人が、この技術を知識として引き継ぎます。1115年にピサ人がマジョルカ島を落としたとき、戦利品の中にはムーア製の陶器の皿が多数、含まれていました。これは奉納品としてピサのいくつかの古い教会の壁に埋め込まれたのですが、今日でもそれは見ることができます。

およそ2世紀ののち、イタリア人がムーア人のやり方を真似て、陶器の製造を開始します。これは島の名前をとって「マジョルカ焼」と名づけられました。

しかしイタリアで本格的に陶器の技術を復活させたのは、フィレンツェの彫刻家ルカ・デッラ・ロッビアです。

芸術家の列伝でも知られる、16世紀イタリアの芸術家ジョルジョ・ヴァザーリは、彼のことをこう書いています。

「彼は疲れを知らない不屈の精神を持った芸術家で、昼間はずっと鑿《のみ》を持って作業し、夜は明け方近くまで素描をしていた」

後者の素描のほうには、彼はとくに熱心に取り組んでいたようです。仕事が遅くなり、足が冷気によってかじかんでくると、大理石の彫刻の削りかすを入れた籠の中に足を入れていました。そうやって体を温めなければ、フィレンツェの寒い時期に描き続けることなどできなかったのでしょう。

ヴァザーリは述べています。

「これは驚くべきことではない。どんな分野の芸術家でも、暑さや寒さ、餓えや喉の渇き、あるいは、ほかの不快な要素に耐えうる力を早くから身につけないと、大成することはできない。忍耐力を身につけられない人間は、楽な道に走り、あらゆる娯楽に囲まれたままでも称賛される成果を出せるのではないかと思い込む。しかし、眠る時間を削り、よくその足を使い、よくその目で観察し、働き続けなければ、どんな能力も得られないし、評判も手に入らないのだ」

しかしルカの場合、どんなに情熱を降り注いで努力しても、彫刻だけで芸術家として食べていけるお金は稼げませんでした。

そんなとき、大理石よりもっと安く扱いやすい材料を使って、鋳型製品をつくることを思いついたのです。

彼は粘土で製作を始めました。そして粘土でつくった製品が壊れないように、釉薬を塗って焼く実験も試みました。

何度も試行錯誤を繰り返し、ルカはとうとう、粘土にコーティングをする技術を発見するのです。さらに彼は釉薬に色を塗る方法も発見し、それは単なる焼き物に美しさを加えました。ルカの評判はヨーロッパ中に広がり、彼の陶器作品も広く受け入れられるようになります。その多くはフランスやスペインに送られ、大きな称賛を獲得したのです。

ベルナール・パリッシー――陶器産業の開拓者

ルカの陶器がやってきたころ、フランスで製造されていた陶器といえば、茶色をした素焼きの壺や鍋くらい。大きな改良も加えられないまま、古くからの製造法が用いられてきました。ただそれも、パリッシーが登場するまでのことです。

彼は大変な困難に向かって果敢に挑み、波瀾万丈の人生を英雄物語に昇華させた人物でした。

ベルナール・パリッシーは1510年ごろ、南フランスのアジャン教区で生まれました。彼の父はおそらくガラス職人で、ベルナールも小さいころからその仕事に携わるよう育てられます。両親はかなり貧しかったため、彼を学校に行かせることはできませんでした。

「私には本もなく、あるのは空と大地だけ。それだけは万民に開かれているもののようだ」

彼はのちに、そう語っています。

それでもベルナールはガラス絵の技術を学び、そのあとでデッサンの技術を、そして読み書きものちに学びました。

やがてフランスのガラス産業は衰退を迎え、ベルナールは18歳のときに父親の家を出ます。彼はズダ袋1つを背中に背負い、自分のいるべき場所を探すため、広い世界に出て行ったのです。

最初にたどりついたのはガスコーニュという街で、仕事はガラス製作でしたが、ときおり時間を見つけて測量の仕事などもしています。それから彼は北に向かい、フランスにベルギーにドイツ南部にと、各地を転々としていました。

そうして10年くらい放浪したあと、ベルナール・パリッシーは結婚して、シャラント南部のサントという小さな街に落ち着きます。彼はこの街で、ガラス絵と測量の仕事を始めることにしました。

やがて子どもができ、責任だけではなく、家族を養うお金も求められるようになります。彼は、不安定なガラス絵の仕事であくせく働くより、もっとマシなことができると考え、類似する技術である「陶器の絵つけ」に関心を持つようになりました。

ただし、この分野に関して、彼はまったくの素人です。転進しようと思い立つまでは、土器を焼くところさえ見たことがありません。誰の手も借りず、すべてをこれから独学で学んでいくしかありませんでした。

しかしベルナールは希望に満ちあふれており、どんな困難にも辛抱強く耐えながら、熱心な探究を続けたのです。

貧乏な生活でも、挑戦はあきらめない！

そもそもベルナール・パリッシーが新しい陶器の技術に思い至ったのは、イタリアの工房で素晴らしいカップを見たからです。おそらくそれは、ルカ・デッラ・ロッビアの作品の1つだったのでしょう。

その作品との出会いは、普通の人だったら見過ごしてしまうようなもの。おそらくベルナールも、いつもだったら気に留めていなかったかもしれません。しかし、そのときは彼が新しい天職を見つけようとしているタイミングでした。

彼はすぐ、「これを真似た作品をつくってみたい」という意欲を燃え上がらせたのです。やがて彼は、そのカップに使われていたような釉薬を、なんとか自分で見つけたいという情熱に取り憑かれます。

もし彼が独身だったら、そのまま釉薬の秘密を探りに、イタリアへ行ってしまっていたでしょう。しかし妻も子どももいる彼は、フランスを離れることができません。だから彼は家族のもとに残り、暗闇を手探りするような状態で、釉薬を塗った陶器をつくる方法を模索し始めたのです。

最初、ベルナールは釉薬に含まれる物質を想像するだけでした。そのうち、どれが正しい原料なのか、実験で確かめていくことにします。

まず彼は、釉薬の原料ではないかと考えた材料をすり潰しました。そして素焼きの鉢を買ってきて、これを粉々に砕きます。その上に彼が推測した原料を混ぜ合わせたものをかけ、実験のためにつくった窯で熱を加えてみたのです。

実験は失敗しました。

あとに残ったのは壊れた鉢と、燃料と薬の残骸。すべての時間と労力は無駄になります。

女性にとって、子どもに必要な衣類や食料のためのお金を実験に注ぎ込むことは、さすがに共感できないでしょう。ベルナールの妻も、ほかのことにはあまり口を出さなかったのですが、この〝ただ買ってきた器を壊すだけ〟に見える実験にお金をかけることは許せませんでした。

それでも彼女は、じっと耐えます。

彼女の夫は釉薬の秘密を解き明かすことにすっかり夢中になっており、もはや放置しておくしかなかったのです。


それから何ヵ月も何年も、ベルナール・パリッシーは実験を続けます。

最初の実験で使用した窯はどうも出来が悪かったので、彼は新しい窯を野外につくります。

そこで大量の薪をくべ、さらに大量の試作品の釉薬と買ってきた器を使い、大量の時間も費やしました。そして彼の家族は、とうとう極貧の限界までに達してしまったのです。

彼はのちに、こう述べています。

「私は、何年もの歳月を愚か者のように過ごしてしまいました。あのころにあったのは悲しみとため息だけで、目標にはまだほど遠いところにいました」

ベルナールは実験の合間をぬって、もとの仕事を再開します。ガラス絵、似顔絵書き、測量、ただそれらの仕事によって得られる収入は、ほんのわずかにしかなりません。

そしてとうとう高価な燃料を買うことができなくなり、彼は自分の窯を使った実験ができなくなります。それでもさらに彼は素焼きの器を買い、粉々にして300から400の破片にし、調合した薬を塗り付けます。これをサントから少し離れたタイル焼き工場に持っていき、窯を使って焼いてもらったのです。

それでも作業が終わったあとで破片を見てみれば、残念なことに実験はすべて失敗。彼は失望しますが、それでもあきらめません。

「気分を切り替えて挑戦を再開だ」と、その場で決心したのです。

純白に輝く、美しい光沢を求めて

ベルナールはしばらく、測量の仕事で実験からは遠ざかることになります。国の布告があり、地税を取る目的で、サント周辺の塩分を含んだ湿原の調査をしなければならなくなったのです。

彼はこの調査に雇われ、そのための地図も作製することになりました。

彼はこの仕事にしばらく専念し、それなりの収入を得ることができます。そして土地調査が完了すると、より強い情熱をもって陶器の釉薬を見つける研究を再開するのです。

彼は素焼きの器をまた3ダースほど割り、その破片に調合した新しい釉薬を塗り、近くのガラス工房の窯へ持って行って焼いてもらいました。

その結果、彼にはかすかな希望が見えたのです。ガラス工房の窯による高熱は、いくつかの調合した薬品を溶かしていました。ただ、彼が探していたのは白い釉薬で、それはできあがったものの中に見つからなかったのです。


さらに2年、ベルナールは実験を続けますが、満足のゆく結果を出すことはできませんでした。まもなく湿地の測量調査で稼いだお金も使い果たし、彼はまた貧困に逆戻りします。

しかし彼は最後にもう一度、頑張ってみようと決意し、これまで以上に大量の器を粉々にしました。こうしてできた300以上の破片に釉薬を塗り、再びガラス工房に送り届けたのです。

やがて焼いた結果を見るために、自身もガラス工房を訪れます。4時間の間ずっと窯を見つめ続け、やがてそれは開けられました。

300あった欠片のうち、釉薬が溶けていたのは、たった1つ。

しかし、その1つを冷やしていくと、やがて固まり、真っ白な輝きを放ち始めたのです!

その破片には白い釉薬がかけられていました。

「それは本当に見事な美しさだった」

のちに、ベルナール・パリッシーは綴っています。

その美しさは疑いなく、彼が長い間、待ち続けていたものでした。

彼は走って妻のところに戻ります。彼の言葉を借りれば、「何か新しい生き物に生まれ変わったような気分だった」とのことです。

しかし、これを成功と呼ぶには、まだまだほど遠い段階でした。

最後の挑戦が部分的な成功を収めたことで、彼はまだまだ研究を続けることを決めます。その後も実験と失敗は繰り返されました。

ベルナールは、この発見が実を結ぶのも、もう目の前に来ていると感じていました。

彼は秘密裏に実験を続けるため、家の近くに手製のガラス炉をつくることにします。そのためにレンガ工場で手に入れたレンガを何度も背負って運び、かなりの重労働を続けました。

この作業だけで7～8ヵ月がかかってしまいます。

やがて窯は完成し、実験の準備は整います。この間もベルナールは時間をかけ、粘土の器を大量に作成し、いつでも釉薬をかけられるようにしておきました。これらは先に焼きものとして窯で焼かれたのち、調合した釉薬を塗り、再び大いなる実験のため窯に戻されるのです。

お金はほとんど使い果たしていたのですが、彼は最後のふんばりのために、薪だけはまだ大量に残していました。

もう、これ以上は十分です。やがて火がつけられ、作業は開始されます。1日中、彼は窯の脇に座り、燃料をくべ続けていました。

夜の間中、彼はそこに座り、薪をくべながら、観察していました。

けれども釉薬は、一向に溶けません。

太陽が彼の上に昇り、妻が些細な朝食を持ってきてくれます。

けれども彼は、窯の隣で腰を上げることができません。いつまでもいつまでも窯に薪をくべ続けます。

2日目が過ぎ、それでもまだ釉薬は溶けませんでした。

太陽が沈み、また夜がやってきます。

そこには青ざめ、疲れ果て、無精髭《ぶしょうひげ》だらけになり、すっかり困惑したベルナールがいました。でも、まだ彼はあきらめていません。窯の傍らで、釉薬が溶けないか熱心に見続けていたのです。

3日目の夜になり、4日目、5日目、ついに6日目……。

6日間の間、彼は昼も夜も窯を見守り、薪をくべ続けたのです。消えそうになる希望と闘いながら……。

それでもやはり、釉薬は溶けなかったのです。

こうして「ヨーロッパ最高の陶器」はできあがった

失敗ののち、彼の頭に浮かんだのは、「釉薬の材料に足りないものがあったのではないか」ということです。おそらく融解に必要な何かがでしょう。

彼は新しい実験のために、手に入れたばかりの材料をすり潰し、調合しました。

あとは、どうやって、釉薬を塗る器を手に入れようか……？

彼は性格のいい人間として知られていたのですが、妻にも近所の人にも、無駄な実験にお金を使い果たす愚か者と思われていたのです。それでもなんとか、お金を調達することはできました。

十分な燃料と素焼きの器を購入したベルナールは、再び実験の準備を整えます。器は新しく調合された釉薬を塗られ、窯の中で再び火にかけられたのです。

これが本当に最後の、運命を分ける実験でした。

火は焔《ほのお》を出して燃え上がり、温度も極限に上がります。しかし釉薬は溶けません。

やがて燃料が燃え尽き始めました。どうやって火を維持すればいいだろう？

ふと外を見れば、庭の柵があります。

「この実験が失敗するくらいなら、あんなものはなくなってもいい！」

彼は柵を燃料として窯にくべてしまいますが、それでも釉薬は溶けません。

「あと10分、熱を保てば、なんとかなるかもしれない。燃料は絶対に必要だ！　そうだ家の家具もあれば、棚だってあるじゃないか！」

家の中で何か壊れる音がしたかと思うと、今度は妻や子どもの悲鳴も聞こえてきます。家族はついに、ベルナールがおかしくなってしまったと思ったのです。

彼はテーブルを引きずってきてバラバラにし、窯の中に放り込みました

それでも釉薬は溶けません。

まだ食器棚が残っています。また木材を引きはがす大きな音が聞こえ、食器棚はバラバラにされ、ほかの家具と一緒に火の中へ放り込まれました。

妻と子どもたちは家から駆け出しました。そして街に着くやいなや、「夫の頭がおかしくなり、家の家具を次々と破壊して、燃やしている」と告げたのです。

実験に費やした1ヵ月の間、彼は汗だくになり、シャツは背中に貼りついていました。

彼は疲れ果てていました。なんせ悪戦苦闘しながら実験の成果を注視し続け、その間、食事もとらなかったのです。しかも借金を抱え、破産寸前でした。

それでも彼は、ついに秘密を解き明かしたのです。

家具を次々と火に放り込み、最後に勢いよく炎が燃え上がって温度が急上昇したとき、釉薬は溶けました。茶色いごく普通の家で使うお碗は、窯から取り出して冷やすと、白い輝きに覆われていたのです。

18年の苦闘の末、ついに実を結んだパリッシーの成功

彼は次に、自分がデザインした陶器を生産するため、陶工を１人雇いました。その一方で、彼は「メダリオン」という陶製の円盤の〝型〟もつくっていました。これに釉薬をかけて焼けば、美術品になります。

しかし、これを製造し、販売するまで、どうやって彼自身と家族の生計を賄うのでしょうか？

幸いにもサントにはまだ、ベルナール・パリッシーについて、判断力はともかくとして、誠実さは信じてくれる１人の男性がいたのです。彼は宿屋の主人で、彼が陶器を製造する６ヵ月間だけ、食事と部屋を提供してくれました。

そして彼が雇った陶工ですが、すぐにベルナールは、自分には約束した賃金を払えないことに気づきます。

すでに自分の家を丸裸にしていた彼は、今度は自分が丸裸になるしかありません。約束した賃金に足りない分として、彼は自分の服を陶工に差し出したのです。

ベルナール・パリッシーは、次に窯の改良を始めました。

しかし不幸なことに、彼は窯の材料の一部に「フリント」という石を使ってしまっていたのです。この石は熱せられると割れてはじけ飛び、その欠片《かけら》が陶器の上に降り注いで、これを傷つけてしまいます。

せっかく釉薬はうまく溶けたのに、今度は陶器が全滅です。6ヵ月の苦労は水の泡になりました。

多少の傷があっても、安い値段であれば、買うお客さんはいます。それでもベルナールは、「自分の価値も評判も落ちてしまう」と考えて、これを売りません。陶器は皆、粉々に割ってしまいます。


成功したと思ったら、結局は続く災難。さすがの彼も少し沈みがちになり、希望をなくし、心が折れたような状態になります。

彼はぼろぼろの服を着て、サントの近くの野原をさまようように歩いている姿を何度か目撃されました。その体は痩せ細り、まるで骸骨のようだったそうです。

そのころのことについて、彼はこう書き残しています。

「ふくらはぎのふくらみは消え、歩くたびに靴下がずり落ちて役に立たない」

ベルナールの家族は、「そろそろ潮時じゃないか」と彼に言い続けました。

近所の住民も完全に彼をバカにして、嘲笑を浴びせました。

そこで彼はしばらく、昔の仕事に戻ることにしたのです。1年ほど勤勉に働き、家族のためのパン代も稼ぎ、近所からの信用もいくぶんかは取り戻しました。そして再び、自分自身の夢に戻ってきたのです。

しかし10年の歳月を釉薬の発見に費やしたにもかかわらず、彼の発見を利用した完璧な陶器を実現するには、さらに8年の実験を積み重ねる必要があったのです。

しかしあらゆる苦難は、ベルナールの教訓になっていました。

すべてが彼に、釉薬の性質や焼き物の特質、また粘土の特徴や窯の建設法に関する知識を提供していたのです。

長い苦労ののち、ついにベルナール・パリッシーは、自らを「陶工」と呼ぶことができるようになります。

彼にとって苦労してきた歳月は、すべて芸術家の見習い期間のようなものでした。その間に彼は、初歩の初歩からすべてを独学で学んできたのです。

いまや彼は自分の作品を売り、そのお金で家族に楽な生活をさせることができるようになりました。けれども彼はまだ、自分が成し遂げたことに満足したわけではありません。

彼は1つ改良したらまた次、という具合に、より完璧な製品をつくり上げるために、さらなる努力を続けていました。

何より彼は作品の模様にするため、自然の事物を研究したのです。やがてその作品からベルナール・パリッシーは、フランスの有名な博物学者ビュフォンに「自然が生み出した偉大なナチュラリストの1人」とまで呼ばれるようになります。

彼の装飾的な作品は、いまや美術愛好家のキャビネットに収まるような「希少価値の高い逸品」とみなされ、途方もない値段で売られています。その作品の装飾には、皿や花瓶によくある模様に組み合わせて、トカゲなどの野性の生き物や植物など、サントの野原で普通に見かける自然が描かれているのです。

自分の作品が芸術の高みに達したとき、ベルナールは自身を「土を扱う職人にして、田園風陶器の発明者」と称しました。

最後まで信念を貫き通した男の「誇り高い最期」

しかし私たちは、まだベルナール・パリッシーの物語を終わらせるわけにいきません。

彼の人生における苦難との闘いには、まだ加えるべき記述が残っているのです。

ベルナールはプロテスタントであり、そのことを何の引け目もなく、ずっと公言していました。しかし16世紀の南フランスではカトリックへの回帰を推し進める「反宗教改革」の波が広がり、彼は邪教徒とみなされてしまったのです。

敵対する人間が彼を密告し、〝正義〟の執行者たちによる家宅捜査が行われます。そして彼の作業場は暴徒たちに明け渡され、彼の陶器は叩き割られました。

ベルナール自身も夜の間に連行され、ボルドーの地下牢に放り込まれます。

あとは火あぶりか絞首刑を待つのみ。そして、彼には火あぶりの刑が宣告されたのです。


しかし彼は、権力を持った貴族、モンモランシー元帥の仲介によって助けられます。

この貴族は、ベルナールと特別な関係があったわけではないし、宗教的な理由で助けたわけでもありません。じつはパリから15キロほど離れたエクアンという街に、巨大な城を建設中だったのです。彼はこの城に、美しい「陶器の舗装道路」をつくろうと考えたのですが、そんなことができる技術者はベルナール以外に存在しません。

ベルナールは「国王と元帥付きの陶工制作者」に任命されることで、ボルドーの地下牢から解放されました。

自由になった彼はサントの家に戻りますが、そこにあったのは破壊され尽くした廃墟。作業場の天井からは空が見え、作品もすっかり遺物になっています。

そこで彼は二度と戻らないつもりでサントを離れ、パリに移住しました。ここで元帥に頼まれた舗装道路と、さらに皇太后から注文された仕事を受けたのです。仕事が忙しくなると、チュイルリー宮殿にも滞在しました。

晩年もベルナール・パリッシーは、2人の息子の力を借りながら、陶器の製造を続けました。陶芸の美術に関する本も数冊書いています。その本には、田舎者として苦労してきた立場から、「下層階級に生まれた人間がこの道で成功を目指す際、犯しやすい過ちをどうすれば防げるか」といった知恵も含まれていました。彼はまた、農業や、築城術や、自然誌についての本も書いており、その自然誌については、限られた人数を前にした講義も行っています。

一方で彼は、占星術、錬金術、魔術といった怪しい知識を、徹底して批判したのです。そのため多くの敵をつくり、またしてもカトリックを熱心に信仰する人々から「邪教徒」という名指しを受けてしまいました。

そして再びベルナールは逮捕され、バスティーユの牢獄に入れられてしまうのです。

再び監獄に入れられたとき、彼はすでに78歳。もはや老人になっていましたが、その精神は以前のように勇敢なままでした。

改宗しない限り、ベルナールは生き残れません。しかし、かつて釉薬の秘密を追いかけたときのような一徹さで、プロテスタントの信仰を守り続けます。

そこで当時、王だったアンリⅢ世が、わざわざ彼を説得するため、牢屋にまで面会にやってきたのです。王は言いました。

「よき者よ。お前は我が母と私に、45年の間、仕えてくれた。いままで私たちは、火あぶりや虐殺が行われている間も、お前が自分の信仰を守ることを許してきたのだ。しかし、いまや私は国民からだけではなく、キーズ派の貴族たちの圧力も受けておる。彼らはお前を引き渡すように要求しているのだ。改宗しない限り、お前は火あぶりになってしまうぞ」

年老いてなお、不屈のベルナールは答えます。

「わかりました。私はすでに神に命を捧げる覚悟ができております。陛下は何度も私を憐れんでくださったとおっしゃいましたが、いまは私があなたを憐れみましょう。圧力を受けているなどというのは、陛下にふさわしい言葉ではありません。陛下が自分の思うように物事を決められない境遇にあるのに対し、私は私の死に方を選べるのですから」

その後しばらくして、ベルナール・パリッシーは殉教者になりました。

火あぶりにされたのではなく、1年間の間、バスティーユ監獄に囚われての死でした。

こうして過酷な人生を耐え抜き、徹底的な正直さをもって、英雄に匹敵する仕事をなした人物は、穏やかな死を迎えたのです。

彼こそは、類い稀なる高貴な心を持った人間の見本でしょう。

ウェッジウッドがもたらした陶器の革命

イギリスの陶工ジョサイア・ウェッジウッドの生涯は、パリッシーの人生ほど波瀾万丈ではありません。どちらかといえば、より恵まれた境遇にあったと言えるでしょう。

ただジョサイアも、平凡な階級に生まれ、その枠を飛び越えていく、不屈の精神を持っていました。彼はそのエネルギッシュな個性によって、勤勉に働く労働階級の人々だけではなく、あらゆる人々にとっての努力と根気の見本となり、イギリス人の特徴となっている人格形成にも大きな影響を与えたのです。

そのジョサイア・ウェッジウッドは、13人兄弟の末っ子として生まれ、祖父と大叔父は陶工でした。

早くに父親を亡くし、彼に残されたのは20ポンドだけだったと言います。読み書きを習っていた学校はやめさせられ、兄が経営している小さな陶工で〝ろくろ回し〟として働かされることになりました。

これが11歳のときのこと。そのときに労働者としての人生が始まったのですが、のちに「はしごのいちばん下に立った」と、彼はそのころを語っています。

じつはこのとき彼は天然痘にかかり、病気がなんとか回復したばかりだったのです。その後遺症は右膝の苦痛として、彼を生涯にわたって苦しめることになります。しかも何年も経ってから、彼は手術によって右足を切断することまで余儀なくされてしまったのです。しかし、この病気があったからこそ、彼は素晴らしい功績を残すことができたのかもしれません。のちに議員のグラッドストーンは、バースレットで行われたウェッジウッドの追悼式で演説をしたとき、次のような言葉を述べています。

「足の病のせいでウェッジウッド氏は、力強いイギリスの職工になれませんでした。しかしその代わりに彼は頭を使い、もっと別の、より偉大なことができないかと考えたのです。そのことが彼の精神を、芸術の法則性や秘密を探る道へと連れて行きました。結果、彼は古代アテネの陶工が探し求めたような、究極的な美の極みへとたどりついたのです」

そんなジョサイア・ウェッジウッドは、兄のところでの見習いを終えると、ほかの職工と一緒に、ナイフの柄や箱など、日常で使うさまざまなものをつくるビジネスを始めます。それからまた別の人間と手を組み、食器などをつくって売る仕事にも携わります。

けれども大きな進展があったのは、1759年にバースレーで、独り立ちしてビジネスを始めたときでした。これもものをつくって売る仕事ですが、新しい商品を取り入れながら、徐々にその規模を広げていきます。

そして彼が目指したのは、スタッフォードシャーで当時売られたものよりも、形も色も光沢も耐久性も優れた、クリーム色の陶磁器をつくることだったのです。

その目的を達成するため、彼は空いた時間をすべて化学の研究に捧げ、さまざまな釉薬や粘土などを使って実験を繰り返しました。

彼はやがて「シリカ」という材質を含む土は、焼く前は黒くても、窯で焼くと白くなることに気づきます。さらにこれを改良し、「シリカ」と赤い粉を陶器に混ぜて焼くと、さらにできあがりが白くなることも発見します。

これにガラス質の輝きを増す物質でコーティングした製品は、陶芸の技術の中でも最も重要な製品の1つになるのです。「イギリス陶器」と名づけられたこの製品は、大きな商業価値を持ち、広く世界で使用されるようになります。

最高の結果を求めないならば、仕事をする必要などない！

ジョサイア・ウェッジウッドも、ベルナール・パリッシーと同じように、窯のことでは苦労しました。そして同じように、不屈の精神で実験を繰り返し、困難を乗り越えていったのです。

彼が最初に試みたのは食器の製作でしたが、これも失敗の連続でした。何ヵ月もの労働が、1日で無に帰してしまったこともあります。

時間をかけ、お金をかけ、無駄な労働を繰り返しながら、彼は輝きのある食器を完成させます。決して挫けず、耐え続けたから、成功にたどりついたのです。

成功したあとでも、ジョサイアの、より質のいい陶器を求める探究は終わりませんでした。彼は「ホワイト・ストーン・ウェア」と「クリーム・カラード・ウェア」と呼ばれる製品を大量生産し、国内外に売ることで著名な製造業者となります。

それでもなお彼は完璧さを追求し続け、彼のビジネスは陶器産業だけではなく、あらゆる産業の見本になります。まさに彼は、イギリスの主要産業の基礎となる1つの柱を打ち立てたのです。

彼は最高の品質を常に求め続け、次のように宣言しました。

「どんなものをつくるのでも、最高のものを求めないならば、何もつくらないほうがいい」

ジョサイアは、身分が高く影響力のある人々からも強力な支援を受けました。それは彼が誠実な心で働き、また多くの誠実な労働者の模範となり、彼らを励まし続けていたからです。

彼はシャーロット王妃のために食器をつくり、イギリスの製造業者として、初めての「王家食卓御用番」となります。この食器は「クィーンズ・ウェア」と呼ばれ、自身も「ロイヤル・ポッター」と呼ばれるようになりました。

ジョサイアはそれを、「男爵の地位をもらえるより名誉なことだ」と喜んでいます。

彼は化学者としての経験と、古物研究家の知識と、芸術家の腕を兼ね備えていました。ラックスマンという若い彫刻家を見出し、その才能を伸ばすための援助をするだけではなく、古典的な趣を持った見事な陶器や陶磁器のデザインを彼につくってもらっています。

古美術では、この章の最初に紹介した古代エトルリアの陶器技術を再現し、また化学の分野では、自ら高温時計の発明者になりました。また数々の公共事業への投資も行っています。

ジョサイア・ウェッジウッドの努力の結果、最悪の状態にあったイギリスの陶器産業は、国を代表する産業の1つとなりました。

私たちは陶器を輸入する代わりに、ほかの国にこれを輸出できるようになったのです。しかも各国は、悪名高いイギリスの高額な関税があるのにもかかわらず、製品を購入してくれます。

陶器産業に携わって30年が経った1785年、彼は議会でこのような証言をしました。

「かつては技術を持たない劣悪な労働者を、低賃金で臨時に雇う規模だった産業が、いまや2万人の雇用を養う産業に変わっています。しかし私たちが成し遂げた進歩は大きいものの、その発展はまだ進歩の途中にすぎないのです」

イギリスの資源と政治力、そして我が国の製造業者たちのたゆまぬ努力と知識の追求があれば、陶器産業はまだまだ発展するとジョサイアは信じていたのです。

第4章

努力と忍耐によって偉業を達成した人たち

あきらめなければ誰でも成功者になれる

「豊かな者とは、勤勉な者のことを言う。
その者は自然の恵みである時間を思いのままにし、
仮に持っている砂時計が落ちて割れてしまったとしても、
星の種を集めるように、その場にかがみ込んで砂を集めるだろう。
そしてたゆまぬ努力によって、再びすべての砂は集められるのだ」
――サー・ウィリアム・ダヴェナント（17世紀イギリスの劇作家）

「前に進みなさい。そうすれば自信もあとからついてくるだろう」
――ジャン・ル・ロン・ダランベール（18世紀フランスの哲学者）

ニュートンが自分で語った「大発見の真相」

偉大な成果というのは、じつのところシンプルな手段であったり、誰もが持っているごく普通の能力によって成し遂げられているものです。

逆に言うと、やるべきことを怠らず、与えられた責任を果たして、注意深く毎日を過ごしていけば、誰もが偉大な成果を上げるチャンスに恵まれます。

幸運の女神は「目が見えない」とよく言われますが、女神だって人間ほど目が見えなくなってはいないでしょう。

現実の人生を見ればわかります。幸運というのは、常に努力している人間に訪れませんか？これは風や波が、常に優秀な航海士に味方するのと同じことです。

私たちがより高いレベルに成長しようというとき、最も役立つものは、当たり前のように皆が持っている能力なのです。それは常識であったり、観察力であったり、努力や忍耐力といったもので、天才性などではまったくありません。

じつは「天才」と呼ばれる人でも、こうした普通の能力を重んじているのです。むしろ偉大な人ほど天賦の才能など信じず、広い知識を求め、努力と忍耐を重視しています。

博物学者のビュフォンも、「天才とは忍耐だ」と定義しました。

アイザック・ニュートンといえば、疑いもなく最高の頭脳を持った人間でしょう。しかし「どんな方法で、あなたは偉大な発見を成し遂げたのですか？」と聞かれたとき、彼は穏やかにこう答えました。

「それは私が、いつもそれについて考えていたからです」

また別のとき、ニュートンは自分の勉強法を、このように説明しています。

「私はいつも自分にとっての課題を目の前に置き、ゆっくりと夜が明け、少しずつ少しずつ光が射してくるのをただ待っていました」

ニュートンの場合でも、偉大な成果を実現するためには、努力の積み重ねと忍耐が必要だったのです。彼が気分転換にすることといえば、目の前の課題から別の課題に、少しだけ研究対象を変えることくらいでした。

彼は恩師にこのようなことを言っています。

「私が人々に役立つことをしたとすれば、それは努力と忍耐のおかげでしょう」

努力しさえすれば、クマも踊る！

優れた人間ほど、ほかの人が思うように「自分が天から才能を授かった」とは考えていません。彼らは自身の成果を、努力と忍耐の積み重ねによって得たものと考えています。

たとえば思想家のヴォルテールは、「天才と凡人を分けているのは、ほんの些細な違いだけだ」と述べています。経済学者のベッカリーアは「すべての人間は詩人にもなれるし、講演家にもなれる」と述べていますし、画家のレイノルズは「誰だって画家にも彫刻家にもなれる」と述べました。

ロック、エルヴェシウス、ディドローといった思想家は、「すべての人間が平等な才能を持っていて、公平な法の下でさえあれば、誰でも同じ状況で同じように努力すれば、同じところに手が届く」と考えていました。

とはいえ、努力によってたどりつく素晴らしい結果を最大限に認め、多くの傑出した天才が皆疲れを知らない働き者だったことを認めても、もともと備わった精神と知性がなければ、やはりシェイクスピアやニュートンやベートーベンやミケランジェロは生まれなかったでしょう。労働の積み重ねだけでは、決して彼らにはなれないのです。

それでも化学者のドルトンは、「天才」と呼ばれるのを嫌い、「すべては努力の積み重ねにすぎない」と考えていました。

ディズレーリ元首相は「成功の秘訣は、求めている課題の専門家になることであり、あとはその課題について努力し、勉強していくだけだ」と述べています。

そう考えると、世界を動かしてきた人物は決して天才だったわけではなく、当たり前に備わった能力を鍛え、すべてを自分自身の仕事にぶつけた人間なのです。

したがって目指すべき当面の目標は、「自分の能力を鍛えられる力」を身につけること！それができれば、人生に勝利するのは非常に楽になります。

私たちは繰り返し繰り返し、働きながら自分を鍛える力を養わねばなりません。

それなくしてはどんな簡単な作品も完成しないし、それがあればどんな困難なことでも成し遂げられるのです。

日常の些細なことに、どれだけの努力が費やされてきたか？　それを知ると、私たちは驚かされることがあります。

たとえば単純なバイオリンの演奏も、長く骨の折れる練習がなければ、うまくできません。

バイオリニストのジャルディーニは、若者から「どれくらい練習をすれば、そんなふうに弾けるようになるのか？」と聞かれ、こう答えました。

「1日に12時間、それを20年間続けるくらいじゃないかな」

フランスには「努力すればクマも踊る」という格言があります。

下手なダンサーでも、実がないように見える練習に何年もの月日を捧げれば、輝きを見せるようになります。

イタリアのバレリーナ、マリー・タリオーニは夜の公演の前、父親から2時間くらいのレッスンを受け、疲れて倒れてしまうこともあったそうです。服を脱がせてもらい、体を洗ってもらったあとで、やっと意識が戻りました。公演で見せる敏捷さと跳躍は、こうした辛さの代償だったのです。


成長の過程は、当人が最高のものを求めるほど、ゆっくりになっていきます。

大きな成果は、すぐに達成することはできません。だから私たちは、一歩一歩ゆっくり進むことに満足しなければならないのです。

フランスの思想家、ド・メーストルは、「待つことこそ成功の大きな秘訣である」と言いました。実を収穫するためには種をまかなければならないし、希望を持ちながら、辛抱強く長い時間を待って過ごさねばならないことも多いのです。

しかし待ってさえいれば、果実はだんだんと甘く熟していくことでしょう。

「時間と忍耐は、桑の葉をサテンに変える」とは、東洋のことわざです。

けれども辛抱強く待つためには、その間、陽気に働くことができるようになることも必要です。

陽気さがあれば仕事も楽しくなりますし、モチベーションも高まります。

「平穏はキリスト教義の9割を占める」と言った主教もいましたが、人生に必要な教義は、努力に加えて、陽気さや楽しさがあって9割なのです。

人生において仕事へのエネルギーは必ず必要ですが、たくさんの素晴らしい要素が盛り込まれているからこそ、私たちは仕事に最高の喜びを感じられるのです。

困難なインド布教をやり遂げた宣教師

とくに公共の利益のために働いている人は、長い間、辛抱しなければならないことが多くなります。なぜなら彼らの仕事は、すぐに結果が目に見えるものではないのです。困難に立ち向かい、やる気が落ちていくのは当然でしょう。

まいた種は冬の雪の下に隠れており、春になる前に農夫が死んでしまうこともあります。公共の利益のために働く人間のすべてが、生きている間に自分自身のアイデアが実を結ぶのを見ることができるわけではありません。

たとえば経済学者、アダム・スミスは、古く陰気なグラスゴー大学で長い間働き、社会改革の種をまいてきました。それが『国富論』の基礎になっています。

しかし、彼の仕事が実を結ぶまでには70年がかかっていますし、現在においてもまだ完全に収穫されたわけではないのです。

希望を失ってしまった人間に対し、埋め合わせをしてあげられるものなど、何もありません。逆に言えば、希望さえ見失わなければ、人は辛抱強く待つことができます。

どこまでも希望を失わず、陽気で勇敢だった人間の1人に、宣教師のウィリアム・ケアリーがいます。

インドで彼が活動していたとき、その仕事はあまりに過酷で、彼の助手をしていた3人の学者たちは1日ももたなかったと言います。しかしケアリー自身は、仕事の合間に休憩をとるくらいでした。

ケアリーは靴職人の息子として生まれ、彼とともに働いた大工の息子ウォードと、織物職人の息子マーシャムとともに、素晴らしい学校をインドのシュリーラームプルに建てました。そして16の伝道所を設立し、聖書を異なる16の言語に翻訳しています。

まさに彼によってイギリス領インドに、布教の種はまかれたのです。


ケアリーは、出自の貧しさを決して恥じることがありませんでした。

インド総督とテーブルを囲んでいたあるとき、1人の将校がわざと聞こえるように「アイツは昔、靴職人だったんだよな？」と別の人間に尋ねました。

すぐケアリーは、これに口を挟みます。

「違いますよ、サー。単なる靴の修理屋です」


彼の我慢強い性格は、子どものころからよく知られていました。

子どものときケアリーは、木登りをしていて足をすべらせてしまったのです。地面に落ちた彼は、足の骨を折りました。数週間、彼は寝たきりだったのですが、回復して歩けるようになると真っ先に木のところに向かい、再び登り始めたのです。

こうした恐れ知らずの勇敢さは、困難な布教活動に不可欠のものでした。彼は生涯をかけ、強い意志をもって目標に挑んだのです。

意志の力があれば、失ったものなど簡単に取り返せる

ティムール朝の創始者ティムールが、何回でも巣を張り直すクモから忍耐力を学んだのは有名な話です。

鳥類学者にして画家だったジョン・ジェームズ・オーデュボンの話も、これに劣らず興味深いものです。彼の記述を紹介しましょう。

「私が描いた200枚にも及ぶ鳥の絵に、ある出来事が起こったのです。私はそのとき、鳥類の調査なんてやめてしまおうかと思いました。すっかりやる気がなくなってしまったのです」

彼の話は、困難に陥ってもはや立ち直れそうにないときでも、人は自然に忍耐力を復活させて、もう一度やり直すことができることを示しています。オーデュボンの言葉を続けましょう。

「私は住んでいたオハイオ河畔の村を離れ、仕事でフィラデルフィアに向かうところでした。そこで出発前に自分の絵を注意深く木箱に入れ、決して傷つけないようにと念を押し、親戚に預けたのです。

留守にしていたのは数ヵ月で、故郷に戻って2、3日休んだあと、箱を開けて中の宝物を見ようとしました。

ところが箱を開けると、中にいたのはドブネズミの家族！

つがいのネズミがかじった紙切れを巣にして、そこで子ネズミを育てていたのです。その紙

切れこそ、数ヵ月前は1000羽近くの鳥たちを写実したはずのものでした。

私はすっかり打ちのめされ、数日間寝込んだあと、しばらくは茫然自失の日々を過ごします。けれども、やがて動物的な力が私を呼び覚ましました。銃とノートと鉛筆を持ち、また何ごともなかったかのように、元気よく森に飛び出していったのです。

そのとき私は、これでより上手に絵が描けると思っていました。

そして3年もしないうちに、書類入れは鳥の素描でいっぱいになったのです」


ニュートンの小さな愛犬「ダイヤモンド」が机の上のロウソクをひっくり返し、何年もかけた複雑な計算を一瞬でダメにしてしまったのは、有名な話です。

この損失にさすがのニュートンも落ち込み、健康を損ねた上、理解力も落ちてしまったと言われています。

同じようなアクシデントは、歴史家トーマス・カーライルが『フランス革命史』の第1巻を書いているときにも起こりました。彼は原稿を確認してもらうため近くの作家に送ったのですが、手違いがあって、それは応接間の机に置きっぱなしで忘れられてしまったのです。

何週間か経ち、カーライルが仕事に戻ると、印刷屋が大声で「原稿をください」と催促してきます。そこで送った相手に尋ねてみると、床に散らばっていた紙をメイドがゴミだと思い、キッチンと暖炉の火を燃やすのに使ってしまったそうなのです。その言葉を聞いたときのカーライルの気持ちが、想像できるでしょうか？

しかし原稿を書き直す以外、彼にできることはありません。

下書きはなかったため、彼は自分の記憶の中から、喪失した記述や表現を集めていきます。

最初の原稿を書いているときは楽しかったのに、二度目の書き直しをしているときは、信じ難いほどの苦痛だったと言います。

それでも彼は、書き上げました。

強い意志の力さえあれば、不可能と思えるようなことでも達成できるのです。

自分の悪習をどうやって改善するか？

著名な発明家たちも、やはり同じように忍耐力に傑出していた人々の見本です。

蒸気機関車の実用化に成功したジョージ・スティーブンソンは、若者たちに向けたいちばんのアドバイスは何かと聞かれ、次のように答えました。

「私と同じようにやりなさい。人生のさまざまな辛いことに耐えるのです」

実際、彼が蒸気機関車の開発を続け、マンチェスター鉄道への採用をかけたレインヒルのレースに勝つまでは、15年の歳月を要しました。

それ以上に、第2章で紹介したワットが蒸気機関を開発するまでには、じつに30年の期間を費やしているのです。

しかし、強力な忍耐力によって優れた実績を出した人の例は、科学、芸術、産業など、あらゆる分野に存在しています。

たとえば次に紹介するフランスの博物学者ビュフォンの話も、別な観点から辛抱強く努力することの大切さを教えてくれます。何より彼自身が「天才とは忍耐である」という言葉を残しているくらいなのです。

そのビュフォンは、博物学に偉大な業績を残しているにもかかわらず、若いころは凡庸な人間だと思われていました。頭の回転は鈍く、物事を吸収するにも時間がかかる。おまけに大の怠け者で、貴族の家に生まれたのをいいことに、何もせずに贅沢な暮らしを一生続けるのだろうと思われていました。

ところが彼自身が、そんな安易な人生を嫌ったのです。

「きちんと勉強して、もっと自分磨きをしたい」

そうビュフォンは思いました。

時間は限られた宝です。彼は毎朝のように起きるのが遅く、大量の時間を無駄にしていたので、この悪習をまず改善しようと決意します。

とはいえ、しばらくの間、悪戦苦闘してみても、なかなか決めた時間に起きることはできません。そこで使用人のジョセフを呼び、「6時に起こしてくれたら、クラウン銀貨を1枚払う」と約束したのです。

それでも最初のうちは、ビュフォンも「具合が悪いから」と仮病を使ったり、「睡眠の邪魔をされた」と怒りだしたり。あげく少し経ってから起きると、「約束通りに起こさなかった！」と腹を立て、ジョセフは結局、何ももらえません。

ならばとジョセフも本気になり、懇願されても、いさめられても、「クビにするぞ」と脅されても、何度も何度もビュフォンを強制的に起こし続けます。

ある朝など、ビュフォンがあまりにもごねるので、ジョセフは強硬手段として、洗面器に氷水をくんできて、掛け布団をとって彼に浴びせたくらいです。これは効果がありました。

こうした方法を執拗に続けた結果、ビュフォンは悪習を改善することができたのです。大著、『博物誌』について、彼はよく「あの本の3巻と4巻は、ジョセフのおかげでできたようなものだ」と言っていました。

「文字を書き写す事務員」から詩人になった男の我慢強さ

文筆家の人生には忍耐強く努力した話が多くありますが、その中で最も示唆に富むのは、詩人サー・ウィリアム・スコットの人生でしょう。

彼は法律事務所で何年もの間、文字の写し取りのような単調な仕事をしていました。毎日の仕事は退屈でしたが、夜に読書と勉強をするのを楽しみに毎日を過ごしていたわけです。

しかしスコットは、事務所で真面目に仕事をする習慣をつくることができたから、しばしば作家には欠落している〝堅実で勤勉な姿勢〟が身についたのだと述べています。

文章を書き写す仕事の報酬は、たくさんの語を含んだ1ページに対して3ペンス。時間外労働を入れ、24時間をかけて120ページを写したとすると、30シリングになります。そのお金でときどき、彼は普段であれば買えないような全集を1冊ずつ購入したのです。

晩年になっても、スコットはよく「事務員だったことに誇りを持っている」と語っていました。そして「天才的な人間が、日常によくあるような単調な仕事を嫌う」という風潮に対して異を唱えています。

彼は逆に、「日常によくある作業にある程度の時間を割くほうが、結果的に自分の能力を高めることになる」という意見を持っていました。

のちにエディンバラの民事控訴院で仕事をしたとき、彼は朝食の前に作家として執筆作業をして、日中に控訴院でさまざまな書類に目を通す仕事をしていたそうです。

伝記作家のロックハートは言っています。

「彼の最も注目される特長は、文筆家として最も忙しかった時期でも、少なくとも1年分くらいの大量の時間を、法律分野の単調な実務処理をする時間に充てていたことです」

スコット自身は自分の信条として「文学作品ではなく、実務的な仕事で生計を立てること」を掲げていました。あるとき彼はこう言っています。

「私は文学を自分の杖にしましたが、決して両手でつく松葉杖にはしないと決めたのです。文学で稼いだ利益を使えば生活も楽になるでしょうが、それを日常の出費にはしないと決意していました」

スコットの几帳面さは、注意深く自分で習慣づけていったものです。そうでなければ彼は、知られているだけの大量の文学作品を世に残せなかったでしょう。

彼は、調査や熟考を要するものを除けば、その日に届いた手紙は、必ずその日に返事を書くことをルールにしていました。だから彼は、返事を書かなければならない大量の手紙をそばに置いて苦心するようなことがなかったし、それによって几帳面さが試されるようなこともありませんでした。

また、スコットは朝の5時に起きるのが習慣で、暖炉にも自分で火をつけました。丁寧にひげを剃り、ゆっくりと服装を整え、6時にはデスクにつきます。そこには正確な順序で原稿が並べられ、参考資料は床の上に彼を取り囲んで置かれていました。それらの本の向こうには、彼の愛犬がその目を見つめています。

9時か10時ごろ、彼の家族が朝食を食べに集まってきます。

その時間には、彼はほとんどの作業を終えていました。

こんなふうに真面目にコツコツと努力を積み上げ、彼の知識は膨大な量になりました。すべて「忍耐強い労働」の結果です。

スコットはいつも、自分の能力については、控えめすぎるくらいに語っていました。「仕事の大半の時間をずっと、私は自分の無知に悩まされ続けてきました」

これこそ本当の知恵であり、本当の謙虚さでしょう。

トリニティ・カレッジの学生が教授のところに来て、「もう私が学ぶべきことはありません」と言ったとき、教授は賢く彼をたしなめ、こう答えました。

「そうなのかい！　私はまだ学び始めたばかりだがね」

たくさんのことに手をつけるだけの浅はかな人間に限って、本当は何も知らないのに、自分の才能に自惚れているものです。

しかし真の賢者は、「自分が知っているのは、自分が何も知らないということだけだ」とか、ニュートンのように「私は未知なるものに満たされた広大な海を前にして、ただ海岸で貝を拾っているだけだ」と言及するのです。

不良少年からヒューマニストになったドリューに起こったこと

不屈の信念を持った人物として、サミュエル・ドリューを紹介しましょう。

彼の父親は、コーンウォール州のセント・オーステルに住む、働き者の労働者でした。家は貧しかったものの、その父親は2人の子どもを近くにある、学費が週に1ペニーの学校に通わせます。

長男のジェベズは勉強が好きで、成績もどんどん上がっていきます。しかし次男のサミュエルは劣等生で、いたずらばかりして悪名も高く、学校もさぼってばかりでした。

8歳のときサミュエルは、錫鉱山での肉体労働につかされます。さらに10歳のとき、彼は靴職人の見習いになりました。ただ、この仕事をしていた期間はかなりキツかったらしく、「鍬《くわ》の下のヒキガエルのような生活だった」と彼はのちに語っています。

サミュエルは逃げ出して、海賊になろうかとも考えていたようです。彼は歳をとるにつれて素行の悪さが目立つようになり、不良たちが果樹園で盗みを働くときなど、たいていは彼がリーダーでした。

やがて彼は、密猟や密輸にもかかわるようになります。

サミュエルは密輸行為にかかわって、死にかけたことがあります。

ある晩、海岸に停泊している密輸船が、出向するために荷揚げの準備をしているという話が酒場に広がります。ほとんどが密輸にかかわっていた住民たちは、皆海岸へ急ぎました。

その夜は風が強く、波も高かったため、灯りがほとんどない暗闇で、ボートはほとんど陸揚げができませんでした。彼らは辛抱強く風がおさまるのを待っていたのですが、そんなとき1

人の男性が帽子を風に飛ばされます。それを取ろうと立ち上がったとき、ボートが転覆してしまったのです。

3人の男性が溺れ、その中にサミュエルもいました。彼らはやがて3キロ離れた海岸へ泳ぎ始めます。

あたりは、灯りひとつつない暗闇。3時間ほどのち、なんとか岸の岩場にたどりつきます。しかし寒さのために動くことができず、朝までその場にじっとしているしかなかったのです。発見されたときは、すでに半死半生の状態でした。1杯のブランデーを飲み、なんとかサミュエルは立ち上がれるようになったのです。

今日の仕事を明日に残すな！

死にかけたのち、サミュエルは父親によってセント・オーステルに戻されます。そこで靴職人の仕事につけられました。

おそらく死にかけた経験は、若い彼を真面目にしたのでしょう。やがてサミュエルは、メソジスト教会の神父だったアダム・クラーク博士の力強い説教に惹きつけられます。

同じころ、彼の兄が亡くなってしまいました。彼はますます人生を真面目に考えるようになります。教育を受け直し、ほとんど忘れていた読み書きを再学習しました。

当時のことを、サミュエルはこのように語っています。

「本を読めば読むほど、私は自分が無知だと思い知りました。そして無知を思い知るほど、これを乗り越えてやろうという気持ちが強くなったのです。暇を見つけては、私は本を片っ端から読んでいきました。それでも働きっぱなしだった私には時間があまりなく、食事のときに目の前に本を置いて、食べながら5、6ページずつ読んでいました」

そしてロックの『人間悟性論』を読破したあと、彼は哲学に興味を持ったのです。

「この本を読んで、私はようやく目が覚めました。これまで慣れてきた低俗な考え方を、ようやく私は捨てる決心をしました」

サミュエルが靴職人として1人で仕事を始めたとき、元手は数シリングしかありませんでした。

しかし、真面目になった彼に近所の製粉業者がお金を貸します。商売はうまくいき、この借金も1年で返すことができました。

彼は「人に対して借りをつくらない」と心に決め、どんな困窮に陥っても、それを死守します。借金をしないために、食事を抜いて寝床に入ることもしばしばだったそうです。

彼は靴職人をしながら地方の説教師となり、その町のリーダー的存在にもなりました。政治にも熱心になり、彼のお店は村の政治家のたまり場となり、彼らが来ないときは自ら公共の問題について議論をしに出かけることもありました。

しかしある忙しい晩、彼が店で靴底を叩いているとき、灯りがついているのを見た通りすがりの少年が、ドアの向こうから叫びます。

「おーい、靴屋！　昼間は遊び回って、夜に仕事をする靴屋！」

この言葉は「耳元で銃を撃たれても、あれほど愕然とすることはなかっただろう」と言うほど、彼を困惑させます。

「まったくその通りじゃないか。僕は人生の教訓にしないといけない！　今日の仕事を明日に残すな、仕事を決して怠けるなって。あの子の声は、僕にとって神の声だったんだ」

サミュエルは友人に、そんなふうに語っています。

それからサミュエルは靴職人の仕事に専念し、空いた時間を使って勉強や読書に励むようになります。

結婚してからは台所を書斎とし、妻が使っていたふいごを机にして、子どもたちをあやす声を聞きながら執筆もしました。

やがて啓蒙思想家トマス・ペインの『理性の時代』に刺激を受け、その反論を記したパンフレットを出版します。その後、靴職人をしながら出版を続け、数年後には『霊魂の非物質性と不滅論』という大著を出版しました。この本は何度も版を重ね、現在もまだ評価されています。

しかし彼は作家業を生活の糧とみなせず、日々の仕事で正直に生計を得ることを優先していました。彼に言わせれば、本が売れたことなど「宝くじに当たったようなもの」だったのです。

不屈の政治家ジョゼフ・ヒュームの人生

スコットランド人の政治家ジョゼフ・ヒュームは、まったく異なったキャリアの持ち主ですが、やはり忍耐の精神を持って働いた人物です。

彼は平凡な人間ではありませんでしたが、その代わり努力家で、文句のつけどころがないくらい正直な人間でした。まさに彼の信条が「忍耐力」で、その通りに実践したのです。

ヒュームは小さいころに父親を亡くし、母親はモントローズに小さな店を出し、女手ひとつで必死に働き、子どもたちを育て上げました。

母親はジョゼフを外科医のところに見習いに出し、医学を学ばせました。彼はやがて医師免許をとり、船医としてインドへ行く船に乗るようになります。その後、士官候補生として東インド会社に所属しました。

彼は誰よりも熱心に働いたので、上司からの信頼も得ていくようになります。上司は彼を、責任を果たす人物と評価したので、段階を経てヒュームは将校にまで昇進していくのです。

1803年に彼はインドで起こったマラーター戦争に参加し、パウエル将軍のもとで働きました。このときは通訳が死んでしまったので、彼が代理を務めています。続いて医療部隊の責任者となりますが、まだ力に余裕が残っていたため、経理や郵便の仕事も引き受けます。

こんな具合に10年間を軍のために費やし、彼は資産を蓄えてイギリスに戻ってきます。最初に彼がやったことは、貧しい家族への支援でした。

1812年にヒュームは議員となり、少しの休止期間はありましたが、34年にわたって国会での役割をまっとうします。

彼がこなしていた仕事の量はとてつもないもので、彼は6時に起きて手紙を書き、議会のための書類を整理し、朝食を食べたあとで、仕事相手と面会しました。その人数は午前中だけで20人に及んだと言います。

国会を欠席することはほとんどなく、議論が翌朝の2時や3時になったとしても、投票用紙に必ず彼の名前はありました。

政権が何度も変わる中、彼は忍耐力をもって自分の意見を貫き、気力や希望を失うことなく努力を続けたのです。教育、犯罪者の更正、銀行制度、貿易、経済政策、選挙法改正など、彼が政治家として取り組んだ問題は、多数あります。

ヒュームの人生は、人間が忍耐力をもってどれだけのことができるかを示す、1つの注目されるべき見本と言えるでしょう。

第5章

真実を見抜いてチャンスをつかんだ人たち

偉大な科学者や医師たちは、どうやってその名声を得たのか？

「知識というのは、何も持っていない手と同様に、それだけで達成できることには限界がある。知識も人の手と同じように、道具や他人の援助が必要なのだ」
——フランシス・ベーコン（16〜17世紀、イギリスの思想家）

「チャンスの女神は、前髪だけで後ろ髪がない。前からつかめばチャンスはあるが、一度逃してしまえば全能の神ゼウスでも彼女をつかまえることはできない」
——ラテン語のことわざ

ミケランジェロの偉大な芸術は、こうして生まれた

人生における偉大な成果が、偶然によって起こることはほとんどありません。大胆な冒険によって「まぐれ当たり」が起こることはときどきありますが、一般には真面目に努力することのみが、安全に自分を成功まで運んでくれる道なのです。

風景画家のリチャード・ウィルソンは、セオリー通りの正確なタッチでほぼ絵を仕上げたあと、数歩後ろに下がり、長い棒の先に筆をくくりつけ、熱心に作品を凝視してから前に出て大胆なタッチを加えたと言います。素晴らしい作品は、こうして仕上げられました。

このような描き方は誰にでもできるわけではないし、ましてや彼のような作品ができることを期待してキャンバスに向かって筆を投げつけたところで、絵ができるわけがありません。

彼のように生き生きとしたタッチを加える能力は、日々の努力によってのみ得られるものなのです。丹念に腕を磨いてきた画家でなければ、ウィルソンのようにほんの一筆で素晴らしい効果をつくろうとしても、ただ絵に染みをつくってしまうだけでしょう。

偉大な人物ほど「日常の些細なこと」を軽視しませんし、しかも「その些細なこと」に神経をつかって、「よりよくやろう」と努力を重ねていきます。

ミケランジェロはある日、制作場を訪ねた客に、「あの彫像は前に来たときも見た気がするな」と言われました。そこで彼は説明します。

「ええ。でも、この部分を直しているんですよ。ここを磨いて、輪郭をもっと柔らかくして。それとここの筋肉をより浮き上がらせて、唇に表情をつけ、足も少し力強くしました」

客はそれを聞いて、つぶやきます。

「でも、本当に些細なことですよね？」

ミケランジェロは言います。

「確かにそうなんですが、その些細なことが、完璧さをつくり上げるのです。完璧なものとは、些細な欠点も存在しないものです」

ガリレオだけが気づいた「いつもそこにあった奇跡」

世の中には、偶然から生まれたとされる発見が多くあります。しかしよく調べると、まったくの偶然から生まれたものなど、そこにはほとんどありません。

ほとんどの場合、偶然というのは、天才が大切に育ててきたチャンスなのです。

たとえば、ニュートンの「リンゴが足元に落ちてきたとき、万有引力の発想に閃いた」という話は、よく偶然に生まれた発見の例として引用されます。

しかしニュートンは何年にもわたって、引力の問題を辛抱強く考えてきました。だからこそリンゴが目の前で落ちたとき、天才的な閃きによって素晴らしい発見をすることができたのです。

これはニュートンだけではありません。さまざまな色の光に輝くシャボン玉は、普通の人から見れば「空気のように些細なもの」ですが、トーマス・ヤング博士から見れば「光の干渉」という素晴らしい理論を導くきっかけになりました。

大きな成果を上げる人は、大きな問題にしか目を向けないと思われがちですが、ニュートンやヤングのように日常の些細な問題にも、ちゃんと目を向けているのです。

むしろ彼らが偉大なのは、些細なことを観察する賢さを持っていた点にあるのでしょう。

人間の差というのは、じつのところ、この「観察力」の違いによって生まれる部分が大きいのです。

ロシアのことわざには、「観察力のない人間は、森の中で薪を見つけられない」というものがあります。また、古代イスラエルのソロモン王は「賢者の目は頭の中にあるが、愚か者は暗闇の中を歩く」と言っています。

私たちは目で何かを見るだけではなく、心でもそれを見ています。

何も考えていない人間はそこに何も見出しませんが、知恵のある人間は目に映った現象の違いに疑問を持ち、比較検証することによって、そこにアイデアの種を見つけるのです。

ガリレオ・ガリレイ以前にも、一定のリズムで揺れている振り子を見た人は大勢いるでしょう。しかし、その現象が示している価値に気づいたのは、彼が最初でした。

それはピサの聖堂で、天井から吊り下げられていたランプ。18歳でしかなかったガリレオは注意深くこの揺れを観察し、時を計る機械に利用できないかと閃いたのです。しかし彼が「振り子の原理」を解明するまでには、それから50年にわたる研究が必要でした。彼の発見は、現在でも時計の開発に利用されています。

またガリレオはあるとき、リッペルスハイという科学者が「遠くのものが近くに見える道具」をドイツの貴族に贈ったという話を耳にしたのです。「そうしたものが自分にもつくれるのではないか」と彼は考えました。

そしてガリレオはリッペルスハイよりさらに倍率の高い望遠鏡を発明し、これが現代の天文学の始まりになったのです。

新大陸より重要だったコロンブスの「小さな発見」

入ってくる情報を右から左に受け流している人に、発見はできません。私たちは常に、よき観察者であり、よき情報の聞き手であることが必要になります。

のちにサー・サミュエルとなったブラウン海軍大佐は、自宅近くのトウィード川に、なんとか安く橋をかけられないかと思っていました。

ある秋の朝、彼は庭を散歩していて、小さなクモの巣が小道の上にかかっているのを見つけたのです。そのとき「このクモの巣のように鉄のワイヤーや鎖を組んで橋にしたらどうだろうか？」というアイデアを閃きました。これが「アイバー・チェーン」と呼ばれる技術を使った吊り橋の発明につながるのです。

ジェームズ・ワットは、曲がりくねったクライド川の下を掘り、パイプで水を通すことができないか相談されました。

その後のある日、ワットはテーブルの上に出されたロブスターの殻を見て、鉄パイプによるチューブを思いついたと言います。見事に要望に応えることができたのです。

ほかにも土木技師のイザムバード・ブルネルは、小さなフナクイムシをヒントに、テムズ川トンネルの発想を得ています。

このように、ありふれた現象に価値を見つけるのが、注意深い観察者の賢い目なのです。

コロンブスが未知の大西洋を航行しているとき、船員たちは陸地が見つからないことに、いらだち始めます。しかし彼は船の脇に漂っている海藻が、磯に生えているはずの「ホンダワラ」であることに気づき、「陸地は遠くないぞ」と、彼らを熱心に説得しました。

どんなに些細なことであっても、無視していいものなど何1つないのです。

注意深くその詳細を理解すれば、それは私たちにとって何らかの利用価値があるかもしれません。

有名なアルビオンの「白亜の崖」が、小さな虫によってつくられたものであることを、あなたは想像できるでしょうか？

それは海の宝石と言われる、珊瑚礁をつくっているのと同じ種類の生物。顕微鏡の力を借りなければ、私たちが認識できないほどの小さな生物です。

そんな小さな生物の力でも、あれだけの偉大な結果が生まれるのです。ほんの小さな作業や、ほんの小さな物事の力を、誰があなどれるというのでしょう。

フランクリンとガルヴァーニの真理を見抜く力

仕事においても、芸術においても、科学においても、また人生のそのほかのことでも、小さな物事をよく観察することは、成功の秘訣になります。

そもそも人類の発展自体が、小さな事象の積み重ねだったのです。何世代にもわたって小さな知識や体験が宝物として大切に引き継がれていったから、それらは最終的に巨大なピラミッドになりました。

多くの事象は、最初は本当に些細な例で、大して重要なことには思われなかったでしょう。しかしのちになってその有用性が見つかり、適切な位置にピタリと収まることはよくあります。まったくの空論のように思われた理論でも、のちに最も役立つ理論の基礎に転じたことは多いのです。

たとえば、古代ギリシャの「ペルゲのアポロニオス」と呼ばれる人物が発見した「円錐曲線」のケースでは、天文学の基礎的理論になるまでに20世紀がかかっています。しかしそれによって、現代の航海士は、空を見れば目的までの正しい進路がわかるようになっているのです。

アメリカのベンジャミン・フランクリンが、雷が電気であることを発見したとき、「それが何の役に立つんだ?」と、嘲笑う人もいたようです。

彼はそれに答えて、こう言いました。

「子どもが何の役に立つ？　やがて大人になるじゃないか！」

イタリアのルイージ・ガルヴァーニが、カエルの両足に別々の金属を当てると痙攣するのを発見したとき、それがどれだけ重要な結果につながっているのか、想像できる人はいませんでした。けれどもここには、大陸間をつなぐ電信技術の基礎となる理論が潜んでいたのです。

鉱山でポンプとして使われる巨大な機械も、製粉場や工場で使われる機械も、蒸気船や機関車も、熱せられて膨張した小さな水滴の力によって動いています。

それこそ誰もが知っている「蒸気」ですが、これは私たちが日常で見る、やかんの湯気と同じもの。これが精巧につくられた機械に組み込まれることによって、100万の馬に匹敵するような力を生み出し、高波やハリケーンにも対抗する動力をつくるのです。

しかし同じ原理による力は、「地球」という「器」の内部でさらに大きなものとなり、火山噴火や地震を引き起こすことで、この星の歴史に大きな役割を担いました。

成功者は決して「道具」に恵まれていたわけではない

チャンスを逃さず、アクシデントさえも目的に利用してしまう術は、大きな成功をつかむための条件になります。

サミュエル・ジョンソン博士は、「天才性とは、人の中にある多くの凡庸な力が、偶然、特定の方向に集中されて発揮されたものだ」と定義しています。つまり、自分で道を見つけようとする者はいつも十分なチャンスにめぐり合うし、そうでなければ、自分でチャンスをつくり出すのです。

大学や博物館や美術館を利用する人が、いつも科学や芸術の分野で成功するわけではありません。

偉大な機械の開発者や発明家が、常に機械の専門知識を教えてもらったわけではありません。

まさに、「必要こそ発明の母」なのです。

そして最も実になる学校と言えば、「苦労という名の学校」なのでしょう。

最高の職人とされる人の何人かは、誰もが使っているような、最もありふれた道具しか持っていないそうです。

優れた職人になるために必要なのは、結局のところ熟練した腕と、あとは忍耐力。「下手な職人は道具のせいにする」という格言は事実なのでしょう。

画家ジョン・オーピーが「どうやってあの素晴らしい色を混ぜているのか？」と聞かれたとき、彼は「頭の中で混ぜている」と答えました。優れた職人に仕事の秘訣について問えば、きっと同じような言葉が返ってくると思います。

天文学者のジェイムズ・ファーガソンは、技術者としての腕も巧みで、ごく普通の小さなナイフだけで、精巧に動く木製の時計をつくってしまいました。誰もがこのナイフを持っているでしょうが、やはり誰もファーガソンと同じことはできないのです。

ジョセフ・ブラック博士が気化熱や融解熱の原理を発見したとき、使ったのは、水の入った鍋と2本の温度計だけでした。ニュートンが光と色の原理を発見したときも、使ったのはプリズムとレンズと厚紙だけです。

化学者サー・ハンフリー・デイヴィーも、薬剤師の見習いだったときに、かなり粗末な道具で実験をすることから出発した人間です。その道具というのは身近なところにあるものばかりで、台所にあった鍋だったりフライパンだったり、薬局にあった空ビンだったりという具合です。

あるとき地元、イギリスのランズエンドの沖で、フランスの船が難破する事故があり、乗っていた外科医が救出されました。その持ち物に旧式の浣腸があったそうで、デイヴィーはこれを譲ってもらうと、熱の実験の際に空気ポンプとして使うことにしました。

このデイヴィーの後継者となったマイケル・ファラデーも、製本業者のところで働いているときから、電気の実験を古いボトルを使って行っていた人間です。

面白いことにファラデーは、デイヴィーが王立研究所で行った講義を聞いて、化学に興味を持ちました。

この経緯というのは、たまたまファラデーが雇われている店に、王立研究所の会員だった1人の紳士が訪れたのです。そのときまだ若かった彼が、熱心に百科事典の「電気」の項目を読んでいるのに気づきます。

そこで紳士は、講義への参加証を分けてくれたのです。ファラデーは熱心にそこでメモをとって、講義のときにデイヴィーに見せました。その正確さに加え、書いた若者が低い身分であることに非常に驚きました。

ファラデーはデイヴィーに、「化学の研究に身を捧げたい」という夢を打ち明けました。デイヴィーは最初のうち止めていたのですが、やがて彼を助手として雇うことになります。そして製本業者の見習いだった化学者は、薬剤師の見習いだった師匠を継ぐことになるのです。

どんな天才であっても、数分の無駄は取り戻せない

どんなときも人を助けるのは、偶然ではなく、目的意識とたゆまぬ努力です。

意志が弱い人、不精な人、目的意識のない人というのは、幸運な偶然があっても何もできません。ただそれは、意味をなさずに通りすぎてしまうのです。

しかし、もし私たちがその機会をとらえ、生かすための行動や努力をすぐに試みたらどうで

しょう？　いったい、どれだけのことを成し遂げられるでしょうか？

蒸気機関を発明したワットは、製図道具をつくる仕事についた機会を利用して、化学や工学を独学で学びました。またスイス人の染物師と知り合った機会を利用して、ドイツ語を学んでいます。

同じく機関車を開発したスティーブンソンも、やはり夜勤の技師として働いた機会を利用して、数学と測量を学びました。日中は食事の間などに休む機会を見つけると、トロッコの側面にチョークで計算式を書いていたと言います。

仮にあなたが忙しく、細切れの時間しかなかったとしても、やはり辛抱強く努力すれば、大きな成果を出すことはできます。

おそらく普通の人が無駄にしているだろう1時間を集中させれば、私たちは科学をマスターすることだってできるのです。まったくの無知な人間が物知りになるのだって、おそらく10年もかからないでしょう。

作家であり、医者だったメイソン・グッドは、ロンドンの市街を馬車に乗って患者の往診に行く時間を利用して、古代ローマの詩人ルクレティウスの作品を翻訳してしまいました。

チャールズ・ダーウィンの祖父である博物学者エラズマス・ダーウィンも、その著書のほとんどを馬車で移動しているときに書いてしまったと言います。彼はいつでも紙切れを持ち歩き、役に立ちそうなことがあればメモしていました。

フランスの大法官だったアンリ・フランソワ・ダゲッソーは、食事の待ち時間に。同じくジャンリス夫人は、家庭教師をしていた王女を待っている時間に。いずれも素晴らしい著書を何冊も書き上げています。

「私が成功できたのは才能があったからではなく、単に細切れの隙間時間を上手に活用したからにすぎない」

そう言ったのは、アメリカの言語学者エリヒュー・バリット。彼は鍛冶屋として働きながら、古代語も含む18の言語と、22種のヨーロッパの方言をマスターしてしまったのです。

「時間は消えゆく、その責任は私たちにある」

オックスフォード大学のオール・ソウルズ・カレッジにある日時計の文字盤に彫られた文字ですが、これほど若者の心に響く厳粛な言葉はないでしょう。

私たち人間に与えられる時間はわずかしかないし、決して戻すことはできません。

作曲家ウィリアム・ジャクソンは次のように言いました。

「どれほどの金銭を浪費したとしても、私たちは節約することで、過去と未来のバランスをとることができる。しかし、誰が今日失った数分を、明日に取り返せるというのだろう」

あるイタリア人学者は、自宅のドアに「誰であれ、ここに留まる者は仕事を手伝うこと」という張り紙を貼っていました。

ピューリタン牧師バクスターが、来客から「お時間を取ってしまって申し訳ありません」と言われたとき、彼はそっけなく「確かにその通りだ」と答えたそうです。

偉大な仕事をした人々にとってでさえ、時間はそれだけ価値のあるものなのです。ほかの人間にとっての価値を見積もれば、どれほど貴重なのか、はかりしれません。

努力家のみがつくり上げる「情報の倉庫」とは？

自分の目的に役立つ考えや事実をメモし、それが忘却の彼方へ消えてしまうのを防ぐ……これは思慮深く勉強熱心な人々に、はるか昔から実践されてきたことです。大思想家フランシス・ベーコンも、『何かに役立つと思って示す覚え書き』とタイトルをつけた記述をたくさん残していました。

神学者のパイ・スミスは、父親が営んでいた製本業の見習いをしていたとき、読んだあらゆる本に関してメモをとっていました。そこには注釈や批評も、多く書き込まれていたのです。

こうしたコツコツと努力してメモを集める方法は彼の特徴となり、彼の評伝には「いつも仕事をし、いつも前進し、いつも蓄積していた」と記されています。

こうしたメモ書きを集めたノートは、作家ジャン・パウル・リヒターの『題材集』のように、パイ・スミスが何かを書くときに「情報の倉庫」となったのです。

同じようなメモの習慣は、有名な解剖医であるジョン・ハンターも持っていました。彼の場合は、メモを記憶の助けにする、という目的が大きかったようです。彼は思いつきをメモすることの利点を、次のように述べていました。

「商売をする人が在庫を調べるようなものさ。そうしないと何を持っていて、何が不足しているのか、わからなくなってしまうからね」

ジョン・ハンターは鋭い観察力を持っていて、同僚は彼のことを「アルゴスの目を持つ者」と呼びました。アルゴスとは、ギリシャ神話に登場する１００の目を持つ巨人ですが、彼の粘り強い努力から生まれた力を、うまく説明しています。

じつは、ジョン・ハンターは20歳になるまで、ほとんど教育というものを受けたことがないのです。だから読み書きを覚えるのも、相当苦労したと言います。グラスゴーで平凡な大工として何年か働いたあと、講師であり、解剖の実演者でもあった兄を手伝うため、ロンドンに行きます。

ハンターはイギリスで最初に比較解剖学に取り組んだ人物で、彼がつくった標本は2万点以上あります。それらは、１人の人間の努力によって集めたものとしては類がない、貴重なものでした。

彼は生涯の多くの時間を、「明白にわかりきっていること」とされている事実を集めるのに使いました。つまり、「取るに足りないもの」を集積したのです。たとえば当時、彼が注意深く研究していたものに〝鹿の角〟があります。

多くの人は、彼が「無駄なことをしている」と思っていました。しかしハンターは、どんなものにでも必ず科学的な価値があると信じていました。

そうやって知識を集積することで、彼は動脈瘤の治療のために、動脈結紮《けっさく》（血管を縛って血行を止めること）という前代未聞の処置で、患者の命を救うことに成功しているのです。

多くの独創的な人間と同じように、彼は地道に地面を掘り続け、基礎固めをするような努力を長年続けたのです。

その孤高のやり方は、同時代の人々にあまり理解されなかったかもしれません。しかし多くの優れた働き手がそうであるように、他人からの称賛ではなく、自分自身の心の内側から生まれる喜びによって、満足のいく人生を歩むことができました。

この喜びは、全精力をもって己の役割を果たす人間であれば、必ず手にできるものなのです。

人を助ける者は、自らも救われる——ある軍医の話

フランスの偉大な外科医アンブローズ・パレも、注意深い観察力と、粘り強い向上心、そして不屈の忍耐強さを持っている人物でした。

パレは１５０９年にラヴェルという町の床屋に生まれ、両親はあまりに貧しかったので、彼

を学校に行かせる代わりに、村の司祭の給仕にして学ばせせようとします。けれどもこの司祭は、ラバの世話やほかの雑用で彼をこき使ったため、パレ少年にはほとんど勉強する時間などありませんでした。

そんな折り、結石を除く手術で有名になったコトーが、司祭の知人の聖職者の手術をするためにラヴェルの村を訪れます。この手術に立ち会ったパレは外科手術に興味を持ち、人生をそれに捧げようと決意するのです。

やがて彼は司祭の給仕を辞め、ヴィアロという外科医の見習いになりました。4年間の修行のあとで、当時は外科医を兼ねていた床屋の仕事で働きながら、パリで解剖学と外科医学を学び、やがてイタリアに配属されたフランス軍の軍医となるのです。

パレは命じられた仕事をその通りにやる人間ではなく、自分の頭で考える人間でした。病気の原因を考察し、独自の治療法を次々と開発していきました。

じつは彼の時代まで、銃に撃たれた兵士の出血を止めるため、傷口に沸騰した油を注いだり、赤く熱したナイフを押しつけるような治療が行われていたのです。負傷兵は敵兵より、むしろ味方の外科医に苦しめられていたかもしれません。

パレも最初はそうした従来通りの治療をしていたのですが、幸いにも沸騰させる油が切れてしまい、軟膏薬でこれを代用したのです。その日は患者がどうなるか心配だったのですが、翌朝になるとすっかりよくなっています。結果的にパレは、銃弾による傷の治療を大きく改良しました。

さらに彼はナイフで焼く治療も改良し、動脈を結紮する治療法も取り入れています。

3年間を軍医として過ごしたあと、パレは高い評判をもってパリに帰り、すぐに国王おかかえの医師に任命されました。

神聖ローマ皇帝でもあった、スペインのカルロスI世がメス市を包囲し、多くの死傷兵を出したとき、外科医の数が少なく治療も旧式であったため、司令官は「パレをよこしてほしい」と国王に手紙を書きます。勇敢なパレは、敵の前線を突破する危険を冒して、メス市にたどりつきます。

そこでは兵士たちに「もはや負傷で死ぬ心配はなくなった。われらの友が来てくれたぞ」という大歓迎を受けました。

さらにパレは、やはり包囲されていたエルダンの町でも治療にあたりますが、その最中に町は陥落し、彼は捕らえられてしまいます。しかし彼は傷を負った敵の将校を鮮やかな腕で手術し、身代金も要求されず、パリへ無事に返されたのです。

パレは残りの人生を、研究と自己研鑽、そして敬虔な信仰による善行に費やします。

この時代の最も博識だった人々に勧められ、彼は自身が携わった外科手術の記録を、28冊の本にまとめて次々と出版しました。

彼の書物は膨大な事実や事例を紹介しており、当時の医学にとって非常に価値があるものとなります。また、自分が直接目にした事象に固執し、検証していない事実に関しては言及を避けました。

パレはプロテスタントでしたが、「サン・バルテルミの虐殺」と呼ばれる大規模なプロテスタント信者への襲撃が起こった際、国王シャルル9世に命を救われています。パレは王の個人的な友人であり、動脈切開の手術をした命の恩人でもあったのです。

作家ブラントームは、その事件のときのことを、こう書いています。

「思い出してみよ！　あれだけ人の命を救い続けた人間なのだぞ。そんな人間が殺されるような理不尽が、あっていいはずがないではないか！……そう言って王は、パレを迎えに行かせ、自分の部屋や衣裳部屋にじっとさせ、彼が見つからないようにしていました」

アンブローズ・パレは恐怖の夜を乗り越えました。その後、長く名声に満たされた日々を過ごし、安らかに人生をまっとうしています。

人類に貢献した医師ジェンナーの苦闘

エドワード・ジェンナーが天然痘のワクチンとして種痘を発見したとき、その前に立ち塞がった困難は、想像を絶するほど大きなものでした。

彼が種痘を発見する以前から、グロスターシャーで牛の乳搾りをしている女性たちの間には「牛痘を患った人は、天然痘にかからない」という噂があったのです。しかしこれはバカバカしい迷信とされ、誰もその重要性に関心を持たず、調査する価値もないと思われてきました。

ジェンナーは偶然、その噂を耳にしたのです。

それはまだ彼が若く、ソドベリーで見習いをしながら勉強しているときでした。彼の師匠の診療所に、1人の田舎の女性が診療に来たのです。彼の興味は、天然痘の話題が出たときに彼女が言った、次の言葉に惹きつけられました。

「私はその病気にはかからないわ。だって牛痘にかかったことがあるもの」

彼は村を訪ね回ったり、自ら観察したりして、この事実を調査し始めます。

医学を学んでいる友人に牛痘の話をすると、彼は嘲笑されます。それどころか、「そんなくだらない話を繰り返していると、医学界から追放されるぞ」という脅しまで受けました。

しかしロンドンで彼は、先に紹介したジョン・ハンターのもとで勉強することになります。そして牛痘の話を聞くと、偉大な解剖医は、こんなアドバイスをしたのです。

「考えるな、その前に行動しろ。辛抱強く、正確にな」

ジェンナーは助言に支えられ、田舎に戻って診察をしながら、20年にわたり調査と実験を続けていきます。

彼は自分が発見した種痘に自信を持っていたため、それを息子にも3回にわたり接種しています。やがて彼の発見は70ページの論文にまとめられ、23件の症例が成功例として紹介されました。接種を受けた人々は、その後、天然痘の患者と接しても、それにかかることはなかったのです。

論文が公表されたのは1798年でしたが、それは彼が1775年に思いついた考えを、研究によって裏づけたものでした。

ジェンナーの発見は、どのように世の中に受け入れられたでしょう?

じつは最初は無視され、その後は敵意を向けられたのです。彼はロンドンに行ってワクチンの接種とその効果について説明しますが、1人としてその方法を試す医師はいませんでした。ジェンナーは実りのないまま、3ヵ月後に故郷へ帰ってきます。

彼が発見した種痘は、牛の乳から取った「痘」を人間に注射するという方法です。それは「野蛮な方法」とされ、風刺画としてのしられたり、聖職者から「邪悪だ」と非難もされました。「注射を受けた子どもたちには角が生え、顔も声も牛のようになってしまう」という噂までが囁かれるようになったのです。

しかし種痘の効果は本当で、暴力的な批判にもかかわらず、その信頼性は徐々に広がっていたきました。中でも自分の子どもにワクチン注射をさせた2人の勇敢な貴夫人、デューシー公爵夫人とバークリー伯爵夫人は、称賛されるべきでしょう。この2人のおかげで、偏見はまたくまになくなっていったのです。

ジェンナーはやっと世間に認められ、その努力も報われることになりました。

しかし金銭的な成功を経ても、ジェンナーはずっと故郷の村で静かに生活する道を選んでいます。

「ロンドンに医院を開けば、月に1万ポンドは稼げるぞ！」
そう言われたとき、彼はこう答えました。
「とんでもない！　私は人生の朝を、山の頂上ではなく、辺鄙《へんぴ》な谷の小道で迎えたのです。夜を迎えたいまになって、お金持ちの著名人になるのは自分らしくありません」
ジェンナーが生きている間に、ワクチンの投与は世界中の先進国で行われるようになり、彼の死後もその名は人類への貢献者としてよく知られています。

天王星を発見したオーボエ奏者の物語

サー・ウィリアム・ハーシェルの人生も、科学の別の分野でチャンスを生かし、長い忍耐の末に成功をつかんだ好例です。

彼の父親はドイツで生まれた貧しい音楽家で、4人の息子も同じように音楽の道に進むよう育てられました。やがてウィリアムはイギリスの地に転進し、ダラム市の楽団でオーボエ奏者となりました。その後はバースに移って、保養地の鉱泉飲み場で演奏する楽団に入ります。

しかし、この貧しい演奏家の心をとらえたのは、音楽ではなく、友人から借りた反射天体望遠鏡でのぞいた天文学の世界だったのです。

彼は自分でも望遠鏡を買おうと思いますが、その値段はとてつもなく高くて手が出ません。仕方なく彼は、自分でそれをつくることにしました。

しかし反射望遠鏡をつくるというのは、並大抵のことではありません。彼は苦労に苦労を重ね、150センチメートルほどの望遠鏡をつくり上げます。これで土星の輪と、その衛星を観測したときには、喜びがこみ上げたそうです。

ハーシェルはこの成功に満足せず、さらに大きな望遠鏡を繰り返しつくり、天体観測を続けました。

その傍ら、鉱泉飲み場に集まる上流階級の人々の前で、オーボエの演奏も続けます。演奏の合間に抜け出して、望遠鏡をのぞいてから、また楽団に戻ることもあったようです。

努力を続けた結果、彼はのちに天王星と呼ばれるようになる「ジョージ星」を発見するのです。その軌道と運動速度を注意深く計算し、結果を王立協会に送りました。

こうして貧しいオーボエ奏者は、一気に名声を高めることになったのです。星の名をつけられた国王・ジョージⅢ世は、彼を国王付き天文官に任命しました。

科学分野にはこのように、困難な状況を乗り越えながら、コツコツとチャンスを積み上げていった人間が大勢います。

子どものころから変わった石を集めることに興味を持ち、20年にもわたってイギリスとウェールズ、それにアイルランドまでを歩き回って「地質図」をつくり上げたウィリアム・スミスなども、その一例でしょう。

彼らのような人物は、偉人伝を開いても、そう簡単には見つかりません。

第6章

才能を努力によって磨く芸術家たち

画家たち、音楽家たち、生まれもっての天才なんて存在しない

「遠くで輝いているものでも、手に取ってみると大したものでないことに気づく。同じように、努力してつかんだどんな賞も、手に取ってみれば、それは努力自体の価値になど匹敵しないことが、よくわかるだろう」

——R・H・ミルズ（イギリスの詩人）

「秀でるのだ。そうすれば生きられる」

——ジュベール（フランスの作家）

天才は後天的につくられる

素晴らしい絵を描くことでも、気高い彫刻を彫ることでも、偶然にできあがることはありません。芸術家のどれほど巧みな筆さばきも、鑿《のみ》の腕も、天才的な才能の導きではあるでしょうが、やはり限りない修練の結果として生まれているのです。

画家であり、努力の信望者、ジョシュア・レイノルズは言います。

「生まれながらの天才とか、天からの贈り物と呼ばれるような力も、人は後天的に獲得できる」

彼が友人に送った手紙には、こんなふうに書かれていました。

「優れた画家になろうと決意した者は、ほかのどんな芸術分野でも同じなのだが、朝起きたときから夜眠るまで、絵を描くことを考えていなければならない」

もちろん才能に恵まれていなければ、どんなに努力しても芸術家になれないのは事実でしょう。ただ、天から与えられた才能は自然のものですが、それを高めるのは自分自身の努力なのです。


多くの偉大な芸術家が、貧困に代表される多種多様な困難を乗り越え、道を切り拓いてきました。


何人かの実例は、すぐ心に浮かびます。

菓子屋だったクロード・ロラン、染物屋だったティントレット、1人は絵の具製造業者、もう1人はバチカンの漆喰運びだった2人のカラヴァッジョ、盗賊の一味だったサルヴァトル・ローザ、農民の息子だったジョット、ジプシーだったジンガロ、父親に家を追い出されて物乞いになったカヴァドーネ、石工だったカノーヴァ……。

そのほかにも多くの有名な芸術家が、真摯な修行と努力によって、最悪な状況を乗り越えて成功を勝ち取っています。

我が国イギリスが生んだ最高の芸術家たちも、才能を磨くには決して適しているとは言えない環境から、努力を続けてきました。

ゲインズバラやジョン・ベーコンは織物職人の息子、バリーはアイルランドで育った少年水夫、マクリースは銀行の見習い、オーピーとロムニー、それにイニゴー・ジョーンズは大工でした。

ウェストは貧しい農家の息子、ノースコートは時計職人、ジャクソンは服屋で、エティは印刷業者、レイノルズ、ウィルソン、ウィルキーは聖職者の息子です。ローレンスは酒場の主人の息子で、ターナーは理髪屋の息子でした。

確かに最初から芸術にある程度関わっていて、優れた芸術家になった人物もいます。しかし多くは関わりがあっても、わずかでしかありません。

あのミケランジェロも「努力の人」だった

彼らが芸術の分野で成功できたのは、運や芸術の賜物ではなく、努力を積み重ねた結果です。また富を獲得した芸術家もいますが、それを主要な動機にした人はほとんどいません。実際のところ、お金に執着していたら、自己抑制と努力のみが求められる芸術家の駆け出し時代に、目標を維持できるわけがないのです。

ミケランジェロが、儲けを得るために自分の作品を展示する画家について意見を求められたとき、こんなふうに言いました。

「金持ちになりたいと強く思っているうちは、いい作品を描くことはできないと私は思います」

ミケランジェロというのは、世界でも指折りの働き者の1人で、自分が誰よりも長い時間を仕事にかけられるのは、生活習慣に理由があると信じていました。

彼が仕事に専念するときは、ほんの少しのパンとワインだけで1日を過ごし、真夜中に起きて仕事を再開することもよくありました。そのときはロウソクを固定した厚紙製の帽子を被り、その灯りで彫刻を彫ったのです。

ときには彼も疲れ果て、服を着たまま眠ってしまうようなこともありましたが、そのおかげで眠りから覚めるとスッキリして、仕事を再開できたと言います。

ミケランジェロのお気に入りの図案は歩行器に乗った老人で、その上に置かれた砂時計には、こんなふうに彫られていました。

「私はまだ学び続けている！」

16世紀イタリアの画家、ティツィアーノ・ヴェチェッリオもまた、疲れを知らない働き者でした。彼は有名な『ピエトロ・アレティーノ』に8年、『最後の晩餐』に7年の歳月を費やしています。

カール5世に宛てた手紙には、「陛下にお送りします『最後の晩餐』は、7年間ほとんど毎日描き続けた作品です」と記されていました。

ほとんどの人は、芸術家の偉大な作品が、忍耐強い労働と長い訓練の結果、できあがったものだとは考えていないでしょう。どちらかといえば簡単に、素早く完成されてしまうもののように思います。

でも、この「簡単にできる」という能力を獲得するのにも、想像できないような苦労の時間が費やされているのです。

あるベネチアの貴族は、1人の彫刻家に「君はたった10日間で仕上げた作品に、金貨10枚も要求するのかね?」と苦言を呈しました。

すると彫刻家は答えます。

「この彫像を10日で彫れるようになるために、私が30年も修行しているということを、あなたは忘れています」

オーガスタス・コールコットも、非常に勤勉な画家として知られていました。彼が『ロチェスター』という作品を完成させるために描いたスケッチは、40枚を超えるそうです。

このように何度も何度も繰り返される努力こそが、芸術で成功するための条件なのです。もちろんそれは、芸術に限った話ではありません。

彫刻家トーマス・バンクスによる「忍耐のレッスン」

彫刻家トーマス・バンクスの座右の銘は、まさに「勤勉と忍耐」でした。

彼は自分がそれに従うだけではなく、強く他人にも勧めました。

バンクスは親切な人間としても有名だったので、多くの芸術を志す若者が、彼に助言や援助を求めにやってきました。

こんなエピソードがあります。ある日、１人の少年がバンクスに会いにきました。しかし、ノックの音があまりに大きいので、使用人は彼を叱りつけ、追い返そうとします。

バンクスはこの騒ぎに気づき、外に出ていくと、そこには何枚かの素描を手に持った少年が、ドアのところに立っていました。

「君は私に、どうしてほしいんだい？」

彫刻家は尋ねます。

「サー、もしあなたに作品を気に入ってもらえたら、アカデミーへの入学を許してほしいのです」

バンクスは、自分にはアカデミーへの入学を斡旋することなどできないことを、少年に説明します。けれども、そのあと少年に言いました。

「絵を見せてくれるかい？」

彼は丹念に絵を見つめ、少年に言います。

「アカデミーに入るまでには、まだ時間がたっぷりある。家に帰り、学校の勉強をしっかりやりながら、このアポロの絵をもっとうまく描けるように努力してごらん。そして１ヵ月経ったら、またここに来て、絵を見せてくれよ」

その少年は家に戻り、いままでの倍も努力して絵を描き、勉強もします。そして1ヵ月すると、またバンクスのところにやってきました。

絵は、はるかによくなっていました。しかしバンクスは、再び作品と勉強に関するアドバイスをして、彼を家に戻します。

1週間後、少年は再びバンクスの家の扉を叩きました。絵はさらによくなっています。バンクスは少年に、「この調子で努力を続ければ、必ず有名な画家になれるから、頑張りなさい」という励ましを送りました。

この少年は14歳でアカデミーに入り、のちに1ペニー切手にも採用される絵を描いたウィリアム・マルレディです。

バンクスの予言は、まさに的中しました。

描き続けることで進化を遂げた2人の風景画家

フランスの画家、クロード・ロランの名声は、やはりあきらめない努力の結果、生まれたものでした。

彼はシャンパーニュの貧しい農家に生まれ、菓子職人のところに見習いに出されました。その後、木彫り職人の兄のもとで働くようになります。

ロランが芸術的な才能を発揮し出すと、ある旅商人が彼をイタリアに連れて行きたいと申し出ます。そして、彼はローマにやってきました。

ローマで彼は、風景画家、アゴスティーノ・タッシに使用人として雇われます。そこで初めて風景画の描き方を学び、やがて自分でも描き始めるようになるのです。

しばらくすると彼はイタリア、フランス、ドイツを旅して回り、途中で足を止めては風景画を描き、その絵を売って旅費を稼いでいました。

ローマに戻ると彼の評判はだんだん高まっていき、仕事の依頼も増えていきます。やがてその評判は、ヨーロッパ中に広がりました。

ロランの生涯における時間の大半は、建物であったり、地面であったり、木や葉などを詳細に書き写す練習に費やされました。彼はそうやって描いたものをとっておき、今度は風景画を描くときの参考にしていたのです。

彼はまた空にも強い興味を持っていて、朝から晩まで空を観察しては、雲の動きや光の変化などを克明にノートに描いていました。

このような絶え間ない鍛錬で、彼はゆっくりとですが、その腕と眼を磨いていき、風景画家としての不動の地位を獲得したのです。

「イギリスのクロード・ロラン」と呼ばれる風景画家、J・M・W・ターナーも、大変な努力によって仕事を成し得た人間です。

彼は、ロンドンの理髪店で父の跡を継ぐよう働かされていたのですが、絵が好きでよくスケッチをしていました。そして、たまたま理髪店の客が彼のスケッチを見つけ、父親を説得したことで、彼は絵の道に進むことを許されたのです。

とはいえ家は貧しく、ターナーも画家になるまでには大変な苦労を強いられました。

しかし彼は苦労をものともせず、どんなにつまらなそうな仕事でも、意欲的に取り組みました。

たとえば夕食付きで一晩に1クラウンしかもらえない、「他人が描いた絵の空の部分に、インド製の薄いインクを塗るような仕事」でも、喜んで引き受けます。さらにガイドブックや年鑑など、安価な挿絵が必要なあらゆる種類の本の仕事も引き受けます。

「もっと割のいい仕事があるのではないか？」

その質問に、彼はこう答えています。

「そんなことはないよ。最高の練習になるからね」

実際、彼はお金を稼ぎながら、その腕もどんどん高めていったのです。

ターナーは、どんな仕事でも手を抜くことがありませんでした。そんなことをしたら、彼の評判も悪くなってしまっていたでしょう。

いつも描くものにはベストを尽くし、前に描いたものより、少しでもいい作品を描こうと努力し続けました。

結果、ターナーの才能は、美術評論家のラスキンの言葉を借りれば「昇る太陽のように確実に伸びた」のです。彼が残した成果は、国に寄贈された美術館の作品によく示されています。

病と失望に屈しなかった高潔な画家

17世紀フランスの画家、ニコラ・プッサンは、純粋で高潔で、優れた知性の持ち主でした。彼の個性は、その作品にもよく表れています。

プッサンはフランスのレ・ザンドリという町で、下層階級に生まれます。父親は小さな学校を経営していました。

小さな学校とはいえ、両親から教育を受けられるという点では、プッサンは恵まれていました。ただし彼には怠け癖があったと言われ、授業を聞く代わりに、教科書や石版に落書きをしていることが多かったと言います。

あるとき地方の画家が彼の絵を気に入り、両親に「彼の好きなことをやらせてみては」と申し出ます。そしてこの画家がプッサンに絵を教えることになるのですが、彼はみるみる上達し、すぐに教えることがなくなってしまいました。

彼は「もっと学びたい」という気持ちが抑えられなくなり、18歳のときに家を飛び出して、パリに行ってしまうのです。旅費は途中の町で、看板の絵を描きながら稼ぎました。

パリでは新しい世界が彼の前に広がりました。プッサンはたくさんのアトリエで真面目に働き、デッサンし、模写をし、絵を描き続けます。

やがて彼はローマに行こうと決意します。そして旅に出ることにしたのですが、行くことができたのはフィレンツェまで。再びパリに戻ってきます。

2回目の挑戦もしますが、今度はもっとうまくいかず、リヨンで旅を中断。それでも自分を磨く機会は逃さず、絵の勉強と仕事に邁進しました。

無名のまま、苦労し、何度もの失敗や失望を重ねながら、12年が過ぎました。その間、おそらくずっと貧しいままだったでしょう。

そして彼はやっとローマにたどりついたのです。古代の巨匠の作品を研究し、とくに彫刻には大きな感銘を受けました。

しばらくの間、彼は同じくらいに貧乏だった彫刻家、デュケノアと暮らすことになります。そこで彼がやっていた「古代の彫刻の模型づくり」の仕事を手伝い、この経験が彼の作風に大きな影響を与えたと考えられています。

同じころ彼は解剖学も学び、生き生きとした命の活動を描くことを、出会った人の姿勢をスケッチブックに描くことで練習しました。友人から借りた芸術に関する本も、時間を見つけては熟読しました。

ずっと貧しい生活が続いていましたが、彼は自分自身に磨きをかけることに満足していました。

「絵を買いたい」と言う人には、いくらでも自分の絵を売ります。予言者を描いた絵を8クラウンで売ったこともあれば、有名な『アシドトのペスト』は60クラウンで売ります。これは、のちにリシュリュー枢機卿が1000クラウンで買った絵です。

しかし困ったことに、彼はそのころ、残酷な病に冒されてしまうのです。この救いようのない状況にお金を援助してくれたのは、イタリアの思想家、デル・ポッツォでした。のちに彼のために、プッサンは『砂漠での休日』という絵を描きますが、この絵は病気の彼に援助された金額より、ずっと高い値がつきました。

プッサンは生涯、病気と闘いながら、絵の技術を向上させ続けます。

やがて彼の評判は高まり、パリへ戻ってきてほしいという誘いも受けるようになります。

しかし2年もしないうちに彼はローマに戻り、病には相変わらず悩まされていましたが、研究を続けながら絵を描き、そこで晩年を過ごしたのです。

「歳をとるにつれて、私は『もっともっと自分を高めたい』『もっと完璧な高みにまで自分を届かせたい』という意欲が強くなっていきました」

彼はそんなふうに語っています。

工場の見習い少年が成し遂げた「不可能への挑戦」

貧しい家に生まれながら、忍耐と努力によって芸術分野に大きな功績を残した人物をもう1人紹介しましょう。それは、ブラックバーンで鍛冶屋をしていた、ジェイムズ・シャープルズです。

彼は1825年にヨークシャーのウェイクフィールドで、13人兄弟の中に育ちました。彼の父親は鋳物業者で、仕事の関係ですぐベリーに移ります。

子どもたちは学校に通わされず、すぐ仕事につかされました。10歳でジェイムズも鋳物工場へ行かされ、そこで「鍛冶見習い」として2年くらい働かされることになります。その後は父親が鍛冶職人として働いていた工場で、ボイラー製造工の手伝いをしました。

ジェイムズ少年の労働時間は非常に長く、しばしば朝の6時から夜の8時までにもなりました。それでも仕事が終わったら父親が勉強を教え、彼は多少なりとも文字が書けるようになったのです。

彼は製造工の監督に頼まれ、工場の床にチョークで設計図を描くことを手伝うようになります。彼はそこから描くことが大好きになり、暇があれば、家の床にもチョークでボイラーの設計図を描く練習を始めました。

親戚の女性が家に来たとき、ジェイムズが一生懸命に床に描いている様子に感心します。そして、彼に紙と鉛筆を与えるように母親に勧めました。このときから彼は、絵を学びたいと思うようになったのです。

ジェイムズは兄からも応援され、人物画や風景画を練習したり、リトグラフを模写するようになります。遠近法や光と陰の理論など、まだ何も知らない状態でしたが、それでも描いているうちに、だんだんと腕は上達していきます。

16歳のときに彼はバリーの工業学校に入り、そこで床屋をしていた素人の画家に絵を習い始めます。授業は1週間に1回で、3ヵ月のレッスンでした。

先生は彼に、バーネットの『絵画の実践書』という基本書を貸しますが、彼の読み書きの力では、その本を理解することができません。母や、ときどき兄にその本を読んでもらい、そばに座って聞いているしかなかったのです。

しかし、この読み方は不便で仕方がありません。何よりもバーネットの理論をマスターしたいと考えた彼は、一学期で絵画のレッスンをやめ、まず家で読み書きをマスターすることに専念しようと決めます。

この試みは成功し、彼は再び学校に戻り、バーネットの本を手に取ります。今度は読むことはもちろん、自分の絵に役に立つと思った部分をメモすることもできるようになりました。

どれほど彼がその本に熱心になったかといえば、彼は朝の4時に起きて、読んだり書き写したりしていたのです。それから6時に工場へ行き、帰りは相変わらず8時になることもあります。それでも家に帰ったら、やる気満々で、再びバーネットの本の勉強を遅くまで続けます。

夜の勉強では、実際に絵を描いたり、模写をすることもしていました。その模写の1つにはレオナルド・ダ・ヴィンチの『最後の晩餐』もあり、彼は一晩中をかけて1日で作品を仕上げました。描き上げるまでは気になって眠れず、ベッドから再び起きて最後まで仕上げてしまったそうです。

ジェイムズ・シャープルズはやがて、油絵への挑戦も始めていきます。

まずは手づくりで試してみました。生地屋でキャンバスを買ってきて枠に貼り、白鉛を塗って、そこに塗装業者から買った絵の具で描いてみます。ところがキャンバスはでこぼこで、絵の具もなかなか乾かず、完全に失敗しました。

困ってかつての絵の先生に相談したところ、そこで初めて枠に最初から張ってあるキャンバスや、油絵用の絵の具やニスがあることを知ります。わずかばかりのお金を一生懸命にかき集め、彼はなんとか道具一式を整え、気持ちを新たに油絵に挑みました。今度は絵の先生も、描き方を教えてくれます。

そしてすぐ彼は、この先生よりも上手に油絵の模写ができるようになりました。

だんだんと道具に対する知識も増えていきます。イーゼル、パレット、パレットナイフ、それに道具入れは彼が自分でつくり、絵の具と筆とキャンパスは、時間外で働いたお金で購入しました。彼の両親も大家族を養っていたので、そうするしかなかったのです。

彼はよく、2、3シリングで安売りしている絵の具やキャンバスを買うために、晩にマンチェスターまで歩いて行っていました。30キロの道のりですから、帰りが真夜中になることも、あるいは雨でびしょびしょになり、疲れ果ててしまうこともあったそうです。

それでも彼の希望は尽きることなく、決意が揺らぐこともありませんでした。

いかにして鍛冶屋の男が有名な画家になったか？

勉強し続け、練習を積み重ねて、ジェイムズ・シャープルズは、絵画に対するしっかりした知識を身につけ、素晴らしい作品も描けるようになりました。

そして見習い期間が終わって18ヵ月くらい経ったころ、彼は父親の肖像画を描いたのですが、これが町で大評判になります。

その後に『鍛冶工場』という絵を描き、これも大成功。さらに彼は作業場の監督から、家族の絵を描いてくれないかと頼まれます。その絵に対して監督は、約束の18ポンドに30シリングを追加した額を彼に払ったのです。

家族の絵を描いている間に、ジェイムズは工場の仕事を辞め、絵に専念することを決意します。いくつか作品も完成させますが、その中にはキリストの等身大の頭部や、バリーの風景もありました。

ところが、肖像画を描くような安定した仕事は、なかなか入ってきません。収入を得るため、彼は再び皮のエプロンを身につけ、鍛冶屋の仕事を続けることにしたのです。


鍛冶屋の仕事を再開するとともに、彼は余暇の時間を使って『鍛冶工場』の絵を版画にして、刷った絵を売ることを考えます。

そのきっかけは、マンチェスターの画商の言葉でした。その画商に絵を見せたとき、ジェイムズは「腕が立つ彫り師にこれを彫らせれば、いい版画ができるのではないか？」と言われたのです。

彼は即座に、自分自身で版画にしようと思いました。

とはいえ、彼は版画のことなど何も知りません。その苦労を、彼はこう語っています。

「忍耐と根気だけが、私の労力を成功に導くための条件でした。この版画を完成させるのに、誰の助言も手助けも得ませんでした。それに何の利点があるのかといえば、『これは私がつくった作品だ』と堂々と言えることです。私はこの作品を通して、努力と決断でどれほどのことができるかを示しました。それも自信をもって人に誇れることです」

『鍛冶工場』の美術批評をすることは本書の趣旨に反しますし、美術雑誌にその価値が高く評価されていることを加えれば十分でしょう。

この素晴らしい作品をつくるために、彼は5年間も夜の時間を費やしてきたのです。彼がほかの人のつくった版画を見たのは、印刷屋に自分の版を持ち込んだのが最初でした。

ジェイムズ・シャープルズという純粋な心を持った努力家の天才について、もう1つ加えたいことがあります。それは家庭での話です。彼は言っています。

「結婚して7年になりますが、私にとってのいちばん楽しい時間は、工場での仕事を終えたあとで、家に戻って鉛筆や彫刻刀を手にしたときです。この作業は真夜中までになることも多いのですが、その間、妻はずっと私のそばに座り、面白い本を私に読み聞かせてくれます」

シンプルで美しいこの言葉は、「いかに天才的で優れた仕事をする人間でも、普通の人と同じ感覚を持った人間なのだ」ということを教えてくれます。

「自助の力」で栄光をつかみとった音楽家たち

優れた絵画や彫刻の作品をつくり上げるのにも、自助の精神で努力を続けることが必要なのは、本章の例でよく理解していただけたでしょう。

同じことは、「音楽」という分野でも言えることなのです。

美術が「造形や色によってつくり上げる詩」とすれば、音楽は「自然な音によってつくり上げる詩」になります。

例を挙げると、ヘンデルは疲れを知らずに働き続ける人間で、決して挫折することがありませんでした。それどころか、彼は逆境にぶつかるほど、自身の活力を増加させたようにさえ見えます。

彼は破産して借金を抱え込んだこともあるのですが、それから奮起し、1年で『サウル』に『エジプトのイスラエル人』、ドライデンの詩に曲をつけた『聖セシリアの日のためのオード』、『12の合奏協奏曲集』、オペラの『アルゴスのジュピター』などの素晴らしい作品をつくってしまいました。

彼の伝記にはこうあります。

「ヘンデルは何ごとにも勇敢で、12人分の仕事を1人でやり遂げることができた」

ハイドンは、自身の芸術について、次のように言っています。

「それは課題を見つけたあと、とことん追求することによって生まれるものだ」

モーツァルトも言っています。

「働くこと、それがいちばんの喜びだ」

ベートーベンが好んだ格言は、次のようなものでした。

「才能を望み努力する者の前に『これ以上進むな』という柵は立てられない」

モシェレスという作曲家が、ベートーベンに自分が書いた『フィデリオ』のピアノ用楽譜を渡したとき、その最後のページにこんなメモ書きがしてあるのをベートーベンは見つけます。

「神の助けで書き上げることができた！」

彼はその文字のすぐ下に、書き加えます。

「とんでもない！　ちゃんと自力でやりなさいよ」

それがベートーベンの、芸術家人生で得た信条だったのでしょう。


バッハは自分自身について、このように言っています。

「私はずっと努力してきた。誰でも同じように努力すれば、同じように成功できるだろう」

彼は音楽への情熱を持って生まれ、それが努力の源泉となり、成功の秘訣にもなったのでしょう。彼が子どものとき、兄は別の分野に才能を生かすべきだと考え、せっかく集めた楽譜を捨ててしまったことがありました。それはロウソクを使うのを禁止されていた彼が、月の明かりを頼りに書き写したものだったのです。


音楽という分野で、大きな成功を成し遂げたイギリス人は、まださほど多くありません。それは私たち国民のエネルギーが、もっとほかの実用的な方向に向いているからなのでしょう。けれども、この特殊な分野に根気よく努力を続けたイギリス人がいないわけではありません。トマス・アーンの父親は室内装飾者で、息子を法律家にしようと考えていました。しかし彼の音楽への情熱が強く、その道をあきらめることなどできませんでした。

弁護士事務所で働くようになってからも、彼は使用人の服を借りて変装し、限られたお金でオペラを聴きに行っていたのです。父親が知らないうちにバイオリンも習って、腕も上達していました。

父親がこれを知ったのは近所の紳士の家を訪問したときで、そこで息子が楽団の一員として演奏していたのです。彼は息子の望みを否定しないことを決めました。

こうして我が国は、弁護士を1人失った代わりに、自国の作曲家によるたくさんの素晴らしい作品を手に入れることになったのです。

第7章

彼らはいかにして、その地位を手に入れたのか？

一般人から貴族の称号を得た人々

「運命を恐れる人間と、欲望の小さい人間は、成功に近づいたとしても、結局すべてを失ってしまうだろう」

――初代モントローズ侯爵ジェームズ・グラハム（スコットランドの貴族）

「彼は権力ある者をその座から引き下ろし、低い地位の者をそれに代わらせた」

――ルカによる福音書

鉱山のバイオリン弾き――貴族フォーリー家の創始者

なぜイギリスの貴族たちが、他国と違ってその地位をずっと維持できているかといえば、やはり我が国の特徴である「勤勉さの血」を、何世代にもわたって刷り込まれてきたからでしょう。それは国家の肝臓であり、心臓であり、脳でもあったのです。

ギリシャ神話の巨人、アンタイオスは、母なる大地にふれてさえいれば、何度も息を吹き返すことができました。貴族という階級もやはり「働く人々」とふれあうことによって、生き延びてきたのです。

19世紀におけるイギリスの貴族は、名前を見る限り、比較的最近になって称号を得た家柄が多いようです。その中には産業界で成功して、貴族の称号を得た人間も少なくありません。

しかし彼らが高潔さにおいて劣ることはないし、そもそも古い時代からロンドンは精力的な事業家による商業活動で繁栄してきた町であり、仕事によって貴族の地位を得た人間も多かったのです。

商人のトーマス・コーンウェルによって創始された「コーンウェル伯爵家」、ウィリアム・カペルという反物業者が創始した「エセックス伯爵家」、仕立て屋のウィリアム・クレイブンが創始した「クレイブン伯爵家」などは、その代表です。

フォーリー家の創始者リチャード・フォーリーは、スタウアブリッジの近くに住む小さな農家に生まれました。

時代はチャールズI世が統治する17世紀のころ、当時のスタウアブリッジは製鉄業の中心地で、フォーリーは成長すると釘を製造する工場で働き始めます。

しかしスタウアブリッジの釘業者は、だんだんと取引先を失っていきます。なぜなら新しい切断機械によって大量に処理されるスウェーデン製の釘が輸入されるようになり、そちらのほうが値段もずっと安かったのです。

フォーリーはこの話を聞き、スウェーデン式のやり方を取り入れようと考えました。そして突然、スタウアブリッジの町から姿を消します。

家族でさえも、その行方は知りません。「うまくいくわけがない」と言われるのを嫌がったのか、彼は誰にも自分の思いつきを話さなかったのです。

彼はポケットにわずかのお金しか持っていなかったのですが、なんとかハルの港町にたどりつき、スウェーデン行きの船で働き口を見つけます。

彼の唯一の財産と言えば、1丁のバイオリン。スウェーデンに着くとこれを路上で演奏しながらチップを稼ぎ、それを旅費にしながら釘を製造しているウプサラの町の近くのダンネモラ鉱山を目指しました。

バイオリンが上手なだけではなく、彼は気さくな性格だったので、すぐに鉄工場の労働者たちと仲よくなります。そこで仕事をすることも認められ、さまざまな場所を見る機会も与えられました。そこでよく観察し、技術を習得しながら、スウェーデン式の鉄産業のメカニズムを学んだのです。

しばらくして目的を果たすと、彼は鉱山の友人たちの前から姿を消します。どこに行ったかは、誰も知りませんでした。

彼はイギリスに戻ると、スタウアブリッジの有力者たちにスウェーデンで学んだことを報告します。そして彼らは、新しいやり方で釘を製造する工場を建設するための資金を、フォーリーに託したのです。

しかし工場は完成するのですが、いざ仕事を始めると、彼が導入した機械はうまく動きません。釘にするための鉄の切断がうまくいかなかったのです。町の人々のいら立ちも大きかったのですが、何よりフォーリー自身が激しく失望しました。

そしてまた彼は、姿を消したのです。

周囲の人々は、彼は失敗した恥ずかしさと悔しさで逃げてしまったのだと思いました。永遠に戻ってこないだろうと思われたのですが、そうではありません！

フォーリーは再び、鉄を切断する技術の秘密を探りに行こうと決めたのです。またバイオリンを持って、スウェーデン行きの船に乗り込んでいました。

製鉄所に着いた彼は、大歓迎されます。

しかもこのバイオリン弾きが長く留まってくれるようにと、彼らはわざわざ切断工場の中に彼を泊めてくれたのです。まさかフォーリーが技術を探る目的で来ているなどと、誰も想像する者はいなかったのでしょう。

今度はフォーリーも注意深く機械を調べ、やがて失敗の原因も判明しました。彼は機械の設計図を正確に描き、自分の観察に間違いがないか、丹念にチェックします。その機械を鮮明に心に焼きつけたあと、彼はスウェーデンを去り、またイギリスに戻ったのです。

ここまであきらめずに目標に向かって突き進む人間が、うまくいかないわけがありません。

イギリスに戻ったフォーリーは友人から驚かれたあと、工場の機械を調整させ、釘製造を成功させます。

彼のビジネスによってスタウアブリッジの釘産業は復活を遂げ、同時に彼は莫大な富を築きます。生涯にわたってビジネスを続けながら、この地域の産業振興にも力を注ぎました。スタウアブリッジに学校も建設しています。

やがてフォーリーの一族は、チャーリーⅡ世の時代に爵位を賜ったのです。

貧しい商人の家に生まれた「王立協会」の創設者

ランズダウン家の創始者ウィリアム・ペティもまた、行動力があり、同時代の人々に大きく貢献した人物です。彼は1623年、ハンプシャーの貧しい織物業者として生まれました。

彼は地元の高校で好成績をおさめたので、ノルマンディーのカーン大学で勉強をしようと決意します。

しかし父親からの援助は期待できなかったので、彼は小さな品物を仕入れ、行商人のような仕事をすることで学費を稼ぎました。

イギリスに戻ると、彼は海軍に入ります。ところが、彼の上司となった海軍大佐がひどい人間で、「目が悪いから」と、ロープで叩かれるような罰を受けます。彼はうんざりして海軍を辞め、医学を勉強することにしました。

彼はそのころ非常に貧乏で、クルミだけで2、3週間を過ごしたこともあったそうです。しかしささやかな商売を再び始めたり、「複写機」の特許をとるなど機械を考案したり、芸術や科学に関する本を書いたり……と、その才能をあらゆる分野に使って、お金を稼いでいきます。

科学者たちとの交流から、彼は「王立協会」という科学者団体をつくる計画に参加するようになり、最初の会議は彼の下宿で開催されました。

ペティは粘り強いアイデアマンであり、発明家であり、産業の創造者でした。

彼の発明の1つに、風や波に逆らうことのできる二重底の船があります。

また、彼が論文を発表しているテーマを挙げていくと、染色について、海軍の原理について、毛織物工業について、政治数学について……と、ほかにも多数あります。

彼は製鉄業を創始し、銅鉱山を開発し、イワシの水産業と材木商を始め、さらに時間を見つけては王立協会の議論に参加し、国の経済発展に大きな貢献をしました。息子たちにも十分な財産を残したのですが、長男は「シェルバーン男爵」の称号を賜っています。

ウィリアム・ペティの遺書は風変わりなもので、それは彼の性格をよく表していました。とくに貧困については、独特な見解を記しています。

「貧しい者に財産を寄付するかについて、私は心を決めかねている。職業として自分から物乞いを選んでいるような者には、何も与えるつもりはない。生まれつき無力なものは公的に援助をなされるべきであり、仕事や資産のない者は、本来なら親戚が面倒を見るべきであろう。私は貧しい親類たちを支援し、多くの人間が自力でパンを食べられるようになるために協力し、公共事業に力を尽くし、慈善の対象を探してきた。私の財産を受け継ぐ者は、自分の負担を承知の上で同じことをしてほしい。とはいうものの、慣習にしたがって、この教区内でいちばん貧しい者に20ポンドを寄付しよう」

「靴下製造機」で貴族になったジェデダイア・ストラット

近年で発明と商売によって貴族の称号を得た人物に、ベルパーに居を置くストラット家があります。貴族入りを確実にしたのは、1758年にジェデダイア・ストラットが〝リブ編みの靴下製造機〟を発明したときでした。

ジェデダイアの父親は農家で、麦芽を製造していました。家は貧しかったので子どもたちは満足な教育を受けていませんが、のちに全員が富を築いています。

ジェデダイアは次男で農業の手伝いをしていたのですが、子どものころから機械が好きで、よく当時の農業機械に改良を加えていました。

彼はやがて、ダービーで靴下製造業を営んでいた一家の娘と結婚することになります。そこで妻の兄から、機械でリブ織りの靴下を編む試みが、何度も失敗していることを聞くのです。

「それなら自分がつくってやろう」と考え、機械を手に入れて、その仕組みを理解しながら、改良や工夫に挑戦していきました。

やがて彼は機械の発明に成功し、特許を取ったあとで、靴下製造を本格的に始めるのです。ジェデダイアは、大きな成功を収めました。

さらにジェデダイアは、リチャード・アークライトによる水力紡績機の発明に感服し、彼と提携を結んで、特許の取得や紡績工場の建設に力を貸します。

彼との提携契約が満了すると、自身でもミルフォードに広大な紡績工場を建設し、その成功によって、現在の一族の長が爵位を得ることになりました。

ジェデダイアの後継者たちも発明家の才を持っていて、長男のウィリアムは「自動ミュール紡績機」を発案しますが、当時の機械技術ではこれを製造することができませんでした。また、ウィリアムの息子のエドワードは、若くして車に使用されるサスペンションの原理を発見し、手押しの一輪車などをこの技術を使ってつくり、農場で使用していました。

ストラット家は、彼らが労働によって得た富を、いつも労働者たちの道徳教育や社会環境の改善に使ってきたことでも有名です。また、よき目的のためなら、喜んで寄付も行っています。

ジョセフ・ストラットが町へのプレゼントとして寄付した「ダービー・アーボリータム」は、その一例でしょう。寄贈のときにジョセフは、こんなスピーチをしています。

「生涯を通して、私の頭上には太陽が輝いていました。ですから、私が生活しているこの町の人々のために、所有しているお金を生かさなければ、とんだ恩知らずになってしまいます。私はこの町の人々の勤勉さに、いつも助けられているのですから」

貴族となった法律家たちの物語

過去から現在まで、戦うことを仕事にしてきた人間が、勤勉さと実行力を示してきたことはもちろんのことです。陸でも海でも、彼らは勝利をつかむことによって、貴族の称号を得てきました。

その地位が武力によって決まっていた中世の封建領主たちは言うまでもなく、巨大になった英国の軍隊でも、ネルソンやジョン・ジャービス、ライアンズなどの海軍提督や、ウェリントン、ヒル、ハーディング、クライドなどの将軍たちが、優れた武勲によって貴族の地位を得ています。

しかし、ほかのどんな仕事よりも、地道な努力が貴族の地位に結びつきやすいのは、なんといっても法律の分野でしょう。2つの公爵家を含む70以上のイギリスの貴族が、じつは法律家として成功した人物を始祖としているのです。

貴族の称号を得た法律家の中にも、地道な努力を続けた結果、その地位を獲得した人物は大勢います。

リンドハースト卿の父親はポートレイト画家で、セント・レナーズ卿の父親は調香師と美容師をしていました。

テンダートン卿はそれにも増して身分の低い出自だったかもしれませんが、それを恥じることはまったくありませんでした。特別な地位を得たのは努力と勤勉さの結果なのだと、自分に対して自信を持っていたからです。

彼はあるとき、息子のチャールズを、カンタベリー大聖堂の西側正面にあった小さな小屋のような店に連れて行ったことがあります。そこで店を指さして言いました。

「チャールズ、あそこに小さな店があるだろう？　ここにお前を連れてきたのは、あれを見せるためだよ。お前のおじいちゃんは、あそこで1回1ペニーでひげを剃る仕事をしていたんだ。でもそのことは、私が人生でいちばん誇りにしている思い出なんだよ」

キャンベル卿はスコットランドの牧師の息子で、長い間、新聞記者として働いていました。その間に法律家になる準備も、着々と続けていたのです。

法律の仕事を始めてからは、田舎の町から田舎の町を歩き回っては、巡回裁判をしていたと言われます。まだ彼は貧しかったため、馬車に乗るような贅沢はできませんでした。

しかし一段一段と彼はゆっくり出世の階段を上り、大法官という高い地位を手にしたのです。

法律の分野も、ほかの仕事と同様、誇りをもって精力的に努力していけば、成果は必ず表れることを証明しています。

人生をフイにした選択を、大きなチャンスに変える

キャンベル卿と同じく、努力を積み上げることで名声を得て、大法官の地位を手に入れた人間に「エルドン卿」となるジョン・スコットがいます。彼の人生は、最も注目される例かもしれません。

エルドン卿は、ニューキャッスルの石炭運搬商の息子として生まれました。子どものころは真面目ではなく、イタズラ好きな少年だったようです。

彼はかなりの問題児で、むち打ちの罰などを何度も受けました。未来の大法官は、どうも果樹園泥棒をするのが、お気に入りだったようです。

父親は彼を、自分の石炭運搬会社で働かせようと考えました。

しかし当時、奨学金を得てオックスフォード大学に入っていた兄が、父に手紙を出します。

「弟を私のところに寄こしてください。そのほうが彼のためになるでしょう」

兄の影響を受け、彼は努力して勉強するようになり、やがて奨学金も獲得します。

ところが休暇で故郷に戻ったとき、彼は恋に落ち、国境を越えてスコットランドで結婚する

ことになるのです。

友人たちは「これで彼の人生は終わった」と思いました。

なんせ家も故郷も失い、1ペニーの稼ぎもない。奨学金も取り消され、そのころ目指していた聖職者への道も閉ざされたのです。彼はそこで法律を勉強する決意をします。

彼は、友人にこんな手紙を書きました。

「確かに結婚は軽率だったかもしれない。でも、僕は愛する女性のために一生懸命働くことを決意したんだ」

結果的には、この結婚がジョン・スコットの人生を大きく前進させたのです。

ジョン・スコットはやがてロンドンに戻り、カージター・レーンの小さな家で、法律の勉強に邁進します。

朝の4時から真夜中まで勉強し、眠らないように頭にタオルを巻きつけることもあったと言います。貧しかったので弁護士に勉強を教えてもらうようなことはできず、判例集から手書きのノートを書き取るようなやり方で勉強をしました。

やっとのことで弁護士の資格を取りましたが、なかなか彼に仕事は入ってこず、最初の1年で稼いだ額は、たった9シリングだったそうです。

さらに4年間は、ロンドンの裁判所や北部の巡回裁判をして働きますが、大きな稼ぎは得られません。故郷の町へやってきても、お金がない人々の弁護以外は、仕事がないような状態でした。

一時は彼もロンドンを離れ、地方の法廷弁護士になろうかと考え始めます。

ところがついに、せっせと勉強し続けた膨大な法律知識を披露する機会がやってきました。彼は上訴することで、判決を見事ひっくり返すことに成功したのです。大法官のサーロー卿は、彼の主張を支持しました。

裁判所を出ようとしたとき、彼は1人の弁護士に肩を叩かれ、こう言われます。

「若いの、君はもう、パンとバターの心配はしなくていいだろうね」

この予言通り、彼はあっという間に出世していくことになります。

32歳で勅撰弁護士に任命され、巡回裁判区の長となり、のちに国会議員にも選出されます。その後は法務官、法務長官と階段を上り、とうとう最高の官位であるイングランド大法官を25年にわたって務めました。

彼の仕事における勝因は、忍耐力であり、努力によって獲得された知識と実行力だったのです。

第8章

「やる気」と「勇気」を奮い立たせる法

どんな問題も突破できる「意志の力」

「勇者に不可能なことはない」

――ジャック・クール（15世紀フランスの商人）

「世界は勇者のものである」

――ドイツのことわざ

「彼は自分が始めたすべてのことを……すべての心をもってやり遂げた」

――『旧約聖書』（歴代誌Ⅱ　31章21節）

どんなものより強力な「やる気」の力

「やる気」を育てていくのは、とても大切なことです。

それは価値ある目標を追いかけるときの「断固とした決意」になり、偉大な人間を形づくる基礎になるものです。

どんな身分の人間であっても、やる気さえあれば、面倒な苦役や煩わしい仕事を遂行し、人生のあらゆる段階で自分を前に進めることができるでしょう。

やる気があれば才能を発揮できるだけではなく、挫折感や失望感も半減します。

成功するために必要なのは、才能に恵まれることではなく、やり抜こうと頑張れる意志があるかどうかなのです。だからこそ、意志の力は、人間にとっての中核になります。言い換えるならば、意志こそが、その人自身になるのです。

やる気はその人にあらゆる行動を起こさせる動機となり、魂を努力の方向に向かわせます。その「やる気」にとって「希望」は源泉となるものです。「希望」が、人生に本物の香りを漂わせます。

ユダヤの賢人、シラの子イエスは「無気力なものは禍《わざわ》いだ」と言いました。これはその通りで、逆に気力にあふれてさえいれば、努力が実らなかったとしても、ベストを尽くしたことに満足できるでしょう。

私たちは足が血まみれで腕が動かなかったとしても、勇敢に歩き続ける人を見れば、応援したくなるのです。

願望や欲望というのは、すぐに行動に移さない限り、しぼみやすいものです。

多くの人がやっているように「援軍が来るから」などと言って、待っているだけではいけないのです。ナポレオンを破ったウェリントン将軍のように、援軍が来るまでは死に物狂いで戦って、その場を持ちこたえねばなりません。

目標を定めたら、意志の力をもって、それに向かって迅速に行動しなければならないのです。

やる気が心に充満していれば、どんなに面倒で困難な問題にぶつかったとしても、陽気にそれを乗り越えていけるでしょう。


病に苦しみながら、雑誌「オリジナル」を発行した弁護士、トマス・ウォーカーは、意志の力を信じていました。彼はこんなふうに言っています。

「元気になるぞ！　と決意したら、本当に私の体はその通りになったのです」

こんなふうに、意志の力はときどき医師の処方箋を越える力を発揮することすらあるのです。医師の力は疑いもなく強大なものですが、やはり肉体の力も保っていなければ、一緒に崩れ去ってしまうことも事実です。


ムーア人の指導者ムーレイ・モラクについて、こんな話があります。

彼が病に伏せ、生死をさまよっているようなときに、彼の軍とポルトガル軍の戦闘が起こりました。味方が危機に面すると、病気で半死半生の彼は起き上がって、軍を指揮して敵を見事に打ち破ったのです。

それからすぐ彼は横たわって、そのまま帰らぬ人となりました。

水面を漂う麦わらのように生きてはいけない

どんなことであっても、人に対して「そう考えたこと」を「その通りに実行させる」のは、意志の力。目的を達成させようとする、強い意志の力です。

ある聖人は言っています。

「願ったことは、何でもその通りになる。人間の意志には、それだけの力があるのだ。真剣に私たちが何かを実現しようと願えば、神はそれに力を貸し、願ったことが現実になる。ただし、願いを叶えるためには、私たちが素直で忍耐強く、寛容で公平な人間になることも必要だ」

ある大工の話をしましょう。

彼はある日、判事の椅子の修理を頼まれたのですが、いつもより入念に仕事をしているのを見て、理由を聞かれます。

「いつか自分がこの椅子に座る日が来たときのため、気持ちよく座れるようにしているのさ」

不思議な話ですが、彼はのちに本当に判事となり、その椅子に座ることになったのです。

論理学者たちが意志の自由性についてどんな議論をしていたとしても、私たちは善悪を、自分の自由な意志で決めていると感じています。

私たちは、水に浮かんだ麦わらのように流れに任せて漂っているだけではなく、自分の力で強く泳ぐことができます。しかも逆巻く波に逆らってまでも、行きたい方向にしっかり自分の意志で方向を定めることができるのです。

私たちは何かの決断をするとき、通常は何も制約を受けていないし、何かの行動をするときも、呪文のようなもので縛られているわけではありません。そうでなければ、「優れた人になりたい」という思いにも、意味がなくなってしまいます、

仕事にしても、生き方にしても、確かに社会が決めたルールに則っていますが、すべて私たちの意志が自由であるという約束に従って方向を選択できます。そうでなければ、結果について私たち自身には、何も責任がないということになりませんか？

それに教育を受けることも、何かの助言をもらうことにしても、説教を聞いたり、自己啓発の勉強をすることにも、何ら意味がなくなってしまうのではありませんか？

法の執行にしても、「その法に従うかどうかは個人が決めている」という前提がなければ、法そのものを定める必要性が生じるはずもないのです。

日常生活の中で私たちが何かをするたびに、「意志は自由である」ということは示されます。私たちは悪い習慣や誘惑の奴隷ではありません。私たちの意志が、習慣や誘惑を支配しているのです。たとえ一度は誘惑に負けたとしても、良心は私たちに、まだそれに対抗できることを語りかけてくるでしょう。

放蕩生活を送っている若者に、フランスの聖職者フェリシテ・ド・ラムネーは言いました。

「いまこそ決断のときだ。それは自分自身で決めなければならない。いまを逃がしたら、君は自分で掘った墓穴の中で、墓石をどかして外に出る力も失ってしまうだろう。意志さえあれば

習慣を変えるのは難しいことではない。強い意志を持って生きることを学びなさい。いまの流れに任せた生き方を安定させ、風が吹いても飛ばされない自分をつくりなさい」

なぜナポレオンは、最後に栄光を手放すことになったのか?

奴隷制廃止のために力を尽くした議員ファウエル・バクストンは、若者は強い意志さえあれば、望み通りの人間になれると信じました。彼は息子に、次のような手紙を送っています。

「お前はいま、人生において右に行くか、左に行くかを選択しなければいけない時期に来たようだ。

いまこそお前の信条や決意、そして心の強さを証明しなさい。そうしないと怠惰な生活に流され、無気力さが習慣化したダメな若者になってしまう。そうなってしまったら、再び立ち上がるのは簡単ではないだろう。

若者は望み通りの人間になれる。かつての私もそうだったのだ。いま幸福をつかみ、富を所有しているのも、お前くらいの年齢のときに決断をしたからだ。お前が自分の意志で、これから一生懸命に努力し、勉強しようと決断すれば、お前はその賢さにふさわしい、幸福な人生を楽しめるはずだ」

その方向性に関係なく、意志とは一貫性であり、確実さであり、粘り強さなのです。だからこそ、それを正しい方向や正しい動機に向けなければならないのは明らかでしょう。

快楽の感情に支配された意志は悪魔となり、知性はその奴隷に成り下がります。

しかし、よい方向に向けられた意志は王となり、知性はそれを支える最高の参謀となるのです。


ナポレオンが好んだ格言の1つに、次のようなものがあります。

「真の賢者とは決断ができる者である」

彼の人生は、ほかのどんな人間にも勝り、力強く揺るぎない意志があれば、人がどんなことでも成し遂げられることを証明しています。

ナポレオンは自身の身体も心も、すべてをその仕事に捧げ、彼の前に立ちふさがったあらゆる支配者や国家を打ち破りました。軍の行く手をアルプス山脈が遮っているときでも、「アルプスなどは問題ない」と言って、シンプロン峠を通り過ぎる道を新しくつくってしまいます。

「余の辞書に不可能という文字はない」

これはナポレオンの有名な言葉。

彼はあまりにもよく働く人間で、従者を4人に増やしても誰もついていけず、みんなヘトヘトになってしまったと言います。

ナポレオンは、自分に対しても他人に対しても厳しく、周囲の人間のやる気を高め、新しい人生を与えました。「私は大勢のでくの坊を将軍にした」と彼自身が言っているほどです。

しかし、すべては無に帰してしまいました。

彼の身勝手によって栄光が無に帰しただけではなく、フランスという国が無に帰し、無秩序状態に陥ってしまったのです。

彼の人生は、私たちに1つの教訓を教えてくれます。どれほどの活力があったとしても、善行の伴わない意志は、当人にもその追随者にも不幸な結果をもたらすのです。

「人のために戦う力」は、「栄光を求める力」に勝る

ナポレオンを破った私たちの国の武将ウェリントンは、はるかに偉大な人間でした。

彼はナポレオンに匹敵する、意志の強さや忍耐力、また克己心と思慮深さを持っており、真の愛国者でもありました。

ナポレオンは「栄光」を目的にしていましたが、ウェリントンの頭にあったのは「義務」だったのです。彼の通信文に「栄光」という言葉は残っていませんが、「義務」という言葉は何度も登場してきています。

彼はどんな危機に遭遇しても、怖じ気づくことなく、意志の力でそれを乗り越えました。困難が大きければ大きいほど、やる気を出して立ち向かったと言います。

ウェリントンは出世欲のない人間で、成功者となっても欲の深さで輝きを失うことがありま

せんでした。純粋で気高い意志を持ち、それを「やる気」の原動力にしたのです。

その人にやる気があるかどうかは、いつも反応の早さや決断力に表れます。

たとえば探検家レッドヤードは、アフリカ協会から「いつアフリカへ向かう準備が整うか?」と聞かれ、すぐさま「明日の朝です」と答えました。

プロイセンのブリュッヘル元帥は、決断の早さから「即決元帥」と異名を持っているくらいです。

のちに「セント・ヴィンセント伯爵」となる我が国の海軍元帥ジョン・ジャービスも、いつ出港できるかと聞かれたとき、「ただちに」と答えています。同じくインド総督を命じられたコリン・キャンベル卿は、「いつ行けるか?」という問いに、「明朝には」と答えました。

即断はその次の迅速な行動につながり、また、敵のミスを誘うこともできます。

「一瞬の油断が命取りになる」とはナポレオンの言葉ですが、彼は自分がオーストリア軍に勝つことができたのは、「敵が時間の価値を知らなかったからだ」と述べています。

つまりオーストリア軍は、ナポレオンの「やる気」の高さに出遅れてしまい、気づいていたら負けていたというわけです。

誰よりも勇敢で、強い意志を持った〝神の戦士〟ザビエル

剣を手にした英雄たちだけではなく、神の福音をもたらした英雄たちも、意志の力で偉業を成し遂げた人々として記憶しておくべきでしょう。

フランシスコ・ザビエルに、ヘンリー・マーティンに、ジョン・ウィリアムズと、輝かしい伝道師たちの話はたくさんあります。彼らは名誉のためではなく、ただ道に迷った同胞たちの魂を救いたいという意志にのみ動かされ、自己犠牲を顧みずに布教のための冒険に旅立ったのです。

彼らは何ものにも負けない勇気と、決して尽きることのない忍耐力をもって苦難に耐えました。危険に立ち向かい、疫病の中を歩き、労苦や苦痛をものともせず、殉教への道にも誇り高く臨んだのです。

それら伝道者の中でも、最も有名なのが、最初の伝道者の1人としても有名なフランシスコ・ザビエルでしょう。

ザビエルは名家に生まれ、娯楽も権力も名誉もすべて手の届くところにあったのに、世の中にはどんな富をもってしても手に入らない高貴な目標があることを、その人生で示しました。

彼はマナーにおいても考え方においても本当の紳士であり、勇敢で、誇り高く、寛大で従順。人を説得する力があり、忍耐力があり、努力家で、強い意志の力を持っていたのです。

22歳という若さで、ザビエルはパリ大学の哲学教師として生計を立てていました。そこで彼はイグナチオ・デ・ロヨラという同僚と親しくなり、イエズス会を結成してローマへ初めての巡礼の旅に出るのです。

ポルトガル王、ジョアンⅢ世が、自国の勢力下にあったインド領にキリスト教を根づかせようとして、最初に選んだ宣教師は、ボバーディアという人物でした。しかし、この人物が病によって布教に行くことができなくなり、代わりに選ばれたのがザビエルでした。

ザビエルはぼろぼろの法衣をまとい、祈禱書以外は何も持たず、すぐにリスボンを発って船で東に向かったのです。

彼が乗ったゴアに向かう船には、インド総督とともに、インドに駐屯する1000人の兵が乗っていました。彼は船室を使うこともできたのですが、旅の間ずっと、ロープの束を枕にして甲板で寝ていました。

そして兵たちが楽しめるよう、気晴らしの簡単なスポーツを考えたり、病気になった者の介抱をしたりして、彼らの心をつかんだのです。

ゴアに到着したザビエルは、現地の腐敗ぶりにショックを受けます。

しかも現地の人間だけではなく、ヨーロッパからの移住者のほうが腐敗しきっていました。文明社会のくびきがなくなったぶん、彼らは悪い習慣に溺れ、それを現地の人間が真似てしまっていたのです。

ザビエルはそんな町中をハンドベルを鳴らしながら歩き、「勉強を教えるので、子どもたちをこちらへどうぞ」と呼びかけます。すぐに大勢の生徒が集まり、彼は毎日、丁寧に勉強を教え続けました。

同時にハンセン病などを患った人を訪ね、相手がどんな身分であろうともその苦しみを癒し、真実の教えを授けたのです。

人々の苦しみを聞くと、ザビエルは何かをせずにはいられませんでした。どこかの村が貧窮した状態にあると聞けば、すぐに出向いてハンドベルを鳴らします。

通訳を通してですが、彼はインドで大勢の人に洗礼を施し、教えを説きました。何より最も人々の心を動かしたのは、自ら困っている人の望みを聞き、救いを与えようとする行為そのものに対してだったのです。

ザビエルは次に、マラッカや日本へと向かいます。そこで彼が出会ったのは、いままでとまったく違う種類の民族でした。

これらの地で彼は、病人のそばで泣きながら祈ったり、枕を整えたりして見守ってあげることしかできませんでした。法衣を水に濡らし、それを絞って水をしたたらせることで、死にゆく病人に洗礼を施したこともあったそうです。

希望を持ち続け、どんなことも恐れず、この勇敢な〝真理に使える戦士〟は、信念とやる気をもって前に進み続けたのです。

「どんな形の死や拷問が待っていようとも、1つの魂が救えるというのなら、それを1000回でも受けましょう」

そんなふうにザビエルは言っています。

餓えや喉の渇き、貧窮に死の危険など、あらゆる困難と戦いながら、彼は休むことなく愛の伝道を続けました。そして11年の労働ののち、中国へ入る道を模索している途中で熱病に冒され、サンチェン島で天に召されたのです。彼ほど気高く、純粋でストイックで勇敢な英雄が、地上に存在したことはあったでしょうか。

決して望みをあきらめない！――商人から慈善家になった男

「監獄改革運動」を行ったジョン・ハワードも、意志の力で、忍耐強く目標に立ち向かった「やる気ある人」の見本です。

彼の卓越した人生は、身体的に弱い人間であっても、自分の責任を果たそうという強い意志があれば、山積した難問も取り除けることを証明しています。

囚人たちの環境を改善しようという考えが、ハワードの生涯を通した情熱になりました。そして、どんな苦労も、どんな危険も、病気によるどんな苦痛も、彼からその情熱を奪えなかったのです。

彼は天才ではなく、平凡な人間にすぎなかったのですが、その心は純粋で、強い意志を持っていました。彼の時代ですでに、執行官として挑んだ監獄の改革は素晴らしい成果を出していたのですが、その影響は死後も力強く残り続け、現在もイギリスだけではなく、世界中の文明国に広がっています。

現在のイギリスを形づくった人物として、もう1人、意志の力を示す見本に挙げておきたいのは、慈善家として知られるジョナス・ハンウェイです。

彼は次の言葉のように、ただ自分が与えられた使命を果たすために力を使い、あとはやり遂げたことに感謝して、永遠の眠りにつけばいいと考えていました。

「墓碑を残すためではなく、よりよい世界をつくるために、その人生をまっとうした」

ジョナス・ハンウェイは、1712年にポーツマスで生まれました。

彼の父親は造船所で売店を営んでいたのですが、彼がまだ幼いときに事故で亡くなっています。母親は子どもたちを連れてロンドンに移住し、一生懸命に働きながら、彼らを学校に入れ、育て上げました。

17歳のときハンウェイは、ポルトガルのリスボンの商人に見習いへ出されます。そこで彼はビジネスに興味を持ち、また誠実に働き、優れた機転も働かせたので、周囲の人間から尊敬され、愛されるようになります。

1743年にロンドンに戻り、ロシアのサンクトペテルブルグでカスピ海貿易を行うイギリス商人と共同で、会社経営に携わることになります。当時はまだ未開発の産業でした。

ハンウェイは事業を拡大させるために自らロシアへ行き、それからイギリス製の布を大量に載せた20台もの荷車で商隊を組み、イランへと向かいます。

そしてカスピ沿岸の町から船で渡ったのですが、陸に揚げられた荷物はほとんどありませんでした。というのも、船で反乱が勃発して、積み荷をほとんど奪われてしまったのです。あとでこれは取り返すことができたのですが、期待していた利益を上げることはできませんでした。

さらに陸路でロシアへ戻ろうとする一行を襲う計画が練られていると聞かされます。そこでハンウェイは海路を取り、多くの危険に遭遇しながらも、なんとかロシアに戻ってきたのです。

しかし彼のこの脱出劇は、ハンウェイに1つの信念を授けました。

「決して望みをあきらめるな」

これが彼の生涯を通じたモットーになるのです。

その後、彼は事業を営みながら、サンクトペテルブルグで5年を過ごしました。

この粘り強さが、何千人もの子どもの命を救うことになった

1755年、ジョナス・ハンウェイはロシアを離れ、イギリスに戻ってきます。

親類からいくらかの遺産を引き継ぎ、また自分でもある程度の資産はつくっていました。戻った理由を、彼はこう話しています。

「自分自身の病弱な体のためもありますが、決して自分のためだけではなく、他人のためにもなることを、可能な限りやりたいと思ったのです」

その言葉通り、彼は残りの人生を、慈善事業とイギリス国民にとって役立つことに費やします。しかも彼は非常につつましい生活をしていたので、収入の多くを慈善事業に回すことができたのです。

さまざまな事業の中でも、彼が最も力を注ぎ、努力を積み重ねたのが、貧困地区の子どもたちを助けるための活動でした。

当時、貧困地区の子どもたちの環境は恐ろしいくらいに悪く、死亡率も高い状態にありました。しかも孤児院の事業と違って、彼らを助けるような動きは何ら起こっていなかったのです。

そこでハンウェイは、できることがないか模索します。まずは誰の力を借りることなく、1人で状態の悪さを調査することから始めました。

まず、ロンドンで最も貧しい層が住んでいる家を歩いて見て回り、都市の近くのあらゆる救貧院を訪ねました。さらにフランスやオランダにも出かけ、貧しい人々を受け入れている施設を訪ね、何か真似できるようなアイデアがないか探します。

彼はこうした調査に5年を費やし、その結果をイギリスで出版します。やがて多くの救貧院で改革が行われるようになり、また1761年にはロンドンで、すべての教区に乳児の受け入れと、放出、死亡の記録提出を義務づける法令を定めさせることに成功したのです。

彼はこの法令が確実に運用されるよう、自ら監視役となって労力を使いました。午前中には救貧院を1件1件訪ね、午後には議員1人ひとりと話をします。毎日毎日、何年も何年も、拒絶に耐え、批判を聞き、争いを調停することもありました。

10年の粘り強い時間をかけ、彼は「死亡者数が急増した教区は、死亡報告書で発表される」という法案を成立させます。ここには「死亡報告書に記載された教区の乳児をその教区から離し、3年ごとに選ばれる保護者のもとで6年間育てられる」という条項も含まれていました。貧しい人々から「子ども救済法」と呼ばれた法令です。

法令施行後の記録を見ると、この法によって何千人もの子どもの命が救われたことがわかります。これも善意にあふれたハンウェイが、正義に基づいた意志の力で根気よく仕事をしてきた結果でした。

世界初、雨のロンドンで傘を差して歩いた陽気な男、その最後

歳をとるにつれて、ハンウェイの健康状態は悪くなります。

しかし彼は「何もせずに時間を過ごす」などということが、できる人間ではありませんでした。相変わらず日曜学校の設立に力を注いだり、ロンドン市街を放浪している貧しい黒人たちを救うために力を尽くしたりしていました。

体調を崩しているときであっても、彼はとにかく陽気な人間でした！

おそらくはこの陽気さがあったからこそ、その繊細な体で、膨大な量の仕事をやり続けることができたのだと思います。

彼は、やる気の塊であり、勇敢で疲れ知らずの人間でした。彼にとって「何もしないこと」は、「死んでいること」と同じだったのでしょう。

じつは余談ですが、ジョナス・ハンウェイは、雨の日にロンドンで傘を差して歩いた最初の人間でした。

それまで傘といえば、女性が日傘として使うものだったのです。それを彼が初めて、雨をよける道具にアレンジして使い出したわけです。

しかし、よく考えてみてください。現代のロンドンの商人に、「中国の尖った帽子をかぶって、コーンヒルの通りを歩いてみなさい」と言えば、誰しも躊躇するのではないでしょうか？

ハンウェイが傘を差してから30年、その使用法はいまや一般的なものになっています。

ハンウェイは信用をとても大切にする人間で、言ったことはすべて実行するようにしてきました。

正直な商人であることを誰よりも誇りにし、海軍の食糧供給委員のような要職に就いたときも、賄賂のようなものはどんな些細なものでも受け取りませんでした。

そして自分の体が弱まっていることを感じ出すと、まるで旅に出るかのように、陽気に死の準備を整え始めます。

すべての取引先を回って支払いを済ませ、友人に別れを告げ、身の周りを整え、74歳で穏やかに生涯を終えました。

彼が残した遺産は2000ポンドにも満たなかったようで、身内にはそれを相続しようとする者もなく、すべては彼が生涯にわたって力を尽くしてきた孤児たちや貧しい人々に分け与えられます。

正直で、やる気に満ちあふれ、本当に思いやりがあった男の生涯。それがジョナス・ハンウェイの美しい人生でした。

第9章

仕事を成功に導くためにやるべきこと

ビジネスに必要な6つの要素と、大切な考え方

「あの勤勉に働く者が見えるか？　彼はやがて王の前に立つだろう」
――ソロモンの予言

「仕事をして、実践の場で学ばない者は、世界の低い部分で満足するしかない」
――オーウェン・フェルサム（17世紀イギリスの作家）

仕事が人の価値を決めるのではない。人が仕事に価値を与えるのだ！

知的なエッセイでおなじみの作家ウィリアム・ハズリットは、ビジネスに携わっている人を「農具につながれた牛のように、やらなければならないことに縛られ、どこに行くことも許されない、かわいそうな人々」と定義しています。

彼はこうも言っています。

「通常のビジネスをうまくやっていくのに、想像力やアイデアは必要がない。必要なのはいつも通りの慣習と、最も狭い範囲の興味だけだ」

これほど一方的で、間違った見解を述べている言葉はないでしょう！

もちろん心の狭いビジネスパーソンはいます。けれどもそれは、心の狭い科学者や作家、政治家がいるのと同じことです。

一方でビジネスをしている人にも、広い視点で思慮深い心を持ち、大きな仕事を成し遂げた人は大勢います。

哲学者のエドマンド・バークは、インド法案についてのスピーチの中で、こう述べました。

「守銭奴の精神で働く政治家もいれば、国に奉仕する気持ちで働く商人もいる」

ビジネスを成功に導くのに必要な資質を考えれば、その仕事にふさわしい適性とは、緊急事態が起こったときに対処する能力に、ときには巨大な数にもなる部下たちを率いる能力に、人間心理に対する深い知識に、絶え間ない自己研鑽に、経験に学び自分を成長させる力……ということになります。

そうすると、ビジネスがどこかの作家の言う〝視野の狭いもの〟であるわけがありません。むしろ作家アーサー・ヘルプスの、次の言葉のほうが真理を突いていると言えるでしょう。

「ビジネスの道を極めた人間は、偉大な詩人よりはるかに希少な存在だ。いや、ひょっとしたら聖人や殉教者の数より少ないかもしれない」

昔から、「天才は金儲けに向かない」とか、「ごく普通の仕事を、天賦の才を持った人がやるものではない」という風潮はありります。

数年前に「大成するために生まれてきたのに、雑貨屋になるしかなかった」という理由で自殺した若者がいましたが、彼は「雑貨屋という仕事の崇高さに見合わないのは自分の精神だ」

ということに気づかなかったのでしょう。

つまり、仕事が人の価値を決めるのではなく、人が仕事に価値を与えるのです。指が汚れても、心は汚れません。人は常に内側から汚れるのです。人を汚すのは埃や泥ではなく、強欲であり悪徳なのです。

偉大な学者や作家は、普通に「仕事ができる人」だった

歴史上に名を残す偉人たちは、決して労働を軽んじず、仕事を通してお金を稼ぎながら、同時により高い目標を目指していたものです。

ギリシャ7賢人の筆頭に挙げられるタレスや、アテネを再建したソロン、数学者のヒュペラテスは、いずれも商人でした。その優れた知性から「神」とも呼ばれた哲学者プラトンは、エジプトへの旅の途中で、油を売って旅費を稼いでいます。

スピノザは、ガラス磨きの仕事で生計を立てながら哲学の探究をしていましたし、偉大な植物学者のリンネは、革をなめして靴をつくりながら研究をしています。

シェイクピアも劇場の経営をしています。おそらく彼自身、戯曲や詩作の力より、経営能力のほうに誇りを持っていたでしょう。彼は実際、あらゆる作品を出版することもなく、劇場経営で成功したのちは、ストラトフォード・アポン・エイボンに引退しています。

14世紀の作家チョーサーは、初期のころは軍人で、のちには関税局長官や森林の視察官として有能に働きました。16世紀の詩人エドマンド・スペンサーは、アイルランド総督の秘書を務め、その後、コーク州の長官となりました。『失楽園』のジョン・ミルトンは、もともとは学校の校長で、共和国時代には秘書官にも登用されています。

アイザック・ニュートンは、造幣局の局長として1694年に自らが中心となって貨幣改革をしています。科学者だけではなく、実務家としても有能だったことが、よくわかるでしょう。

詩人のワーズワースは印紙の販売者で、同じく詩人のスコットは民事控訴院の事務官。経済学者デヴィッド・リカードは、ロンドンで株式仲買人をしながら、経済の研究を行っています。天文学者のフランシス・ベイリーも株式仲買人で、化学者のアレンは絹織物業者でした。

現代においても、高い知性を実際的な日常業務に活用している人間は、少なくありません。ギリシャ史の研究家であるグロートはロンドンの銀行家ですし、現代の最も偉大な思想家の1人ジョン・スチュアート・ミルは、つい最近まで東インド会社で働いていました。ミルは仕事仲間から尊敬されていたようですが、それは彼が哲学者として優れていたからではなく、仕事が早く、職場での礼儀ができた人間だったからのようです。

最も困難な道こそ、最も成功に近い道！

仕事で成功する道は、たいていの場合「当たり前のことを当たり前にする」というものです。

一生懸命、地道に働くことが、知識を身につけ、科学的な技術を開発していくのと同様に必要になります。

古代ギリシャ人は、仕事に必要なものを、次の3つだと定義しました。

「それは、才能と勉強と実践である」

何より仕事においては、さまざまな職務を実践し、賢く勤勉に自分を高めていくことが、成功への秘訣になります。

中にはギャンブルで勝つように、〝まぐれ当たり〟でうまくいく人もいるかもしれませんが、そうした〝当たり〟は怠け癖をつけ、身を破滅させる原因にもなります。フランシス・ベーコンは次のように言いました。

「ビジネスにおいては、最も困難な道が、最も成功に近い道なのだ。もし成功への道を選びたいなら、あなたは回り道をしなければならない」

成功の道は、ときに果てしなく長いものになるかもしれません。

しかしその分、得たものに対する喜びは、ひとしおのものになるでしょう。

どれほど単調でつまらない仕事であっても、それをやり遂げることで、人生は甘く感じられるものになります。ヘラクレスがあらゆる試練に挑んだ物語は、仕事における成功を寓話化したものとして記憶しなければなりません。

だいたいにおいて、安易な道ばかりを選ぶことは、人間にとってよくないことのようです。成功した人を見れば、人生のスタートは貧しいくらいのほうが、恵まれているようにさえ見えてしまいます。

高名な裁判官は、法律の分野で成功する条件について、こう話しました。

「才能で成功する人間もいれば、コネで成功する人間も、あるいは奇跡で成功する人間もいる。でも大多数は、１シリングも持っていない状態から努力のみで這い上がってきているのだ」

ある建築家の、こんな話があります。彼は勉強を重ね、古代の偉大な建築物を見て回り、帰ってきて建築家として名乗りを上げようと思いました。

けれども最初のころは、三流の仕事しか回ってこなかったのです。始めたのは、廃墟になった家を修繕するような仕事でした。

ボロボロの家の屋根の上で修理をしていると、友人が通りかかります。すると彼は、汗をぬぐいながらこう叫びました。

「ここにギリシャまで行って学んできた人間がやるべき、美しい仕事があるのさ！」

しかし彼はこうした仕事に手を抜かず、一生懸命に続けることで、最後には最高の建築家とまで称されるようになっていくのです。

うまくいかないのは、すべて自分に原因がある

何の努力をしなくてもすべての願いが叶うとしたら、人間は希望や意欲や欲望といったものをなくしてしまうのではないでしょうか。行動する動機も必要性もない人生というのは、じつは人間にとって、耐え難いものなのです。

イギリスの軍人ホレス・ヴィラは、スペインのスピノラ将軍に兄の死因を尋ねられて、こう答えました。

「兄が死んだのは、何もすることがなかったからです」

将軍はこう返答します。

「気の毒に！　どんな将軍でも、やることがなければ死んでしまうだろうな」

行動することは人にとってこれほど大切なのに、うまくいかなくなると、人は周りのせいにしがちです。

最近でもある有名な作家は、自分の著書の中で、過去において何度も事業に失敗したことを述べています。彼は金勘定の能力がなかったことを無邪気に言いながらも、最終的には世間一般の拝金主義に原因を押しつけていました。

このように、「自分は悪い運のもとに生まれてきた」と嘆く人間はいます。

彼らは自分が何の落ち度もないのに、世界が自分を妨げていると思いがちです。まるで、「もし自分が帽子屋だったら、みんな頭なしで生まれてくるだろう」とでも言いたげです！

しかし、ロシアにはこんなことわざもあります。

「不運は愚か者の隣に住んでいる」

運を嘆く人間は、その前に自分の怠慢や、やり方のマズさ、勉強不足や努力不足を考えるべきなのです。

文学者サミュエル・ジョンソンは次のように言いました。

「世間に対する不満は、すべて間違っています。能力ある人間が見過ごされた例を私は知りません。成功できないのはすべて、自分に原因があるのです」

アメリカの作家ジョン・アーヴィングも言っています。

「自分は謙虚だから認められないというのは、怠け者の言い訳にすぎない。消極的な人間が、成功できない理由を世間のせいにしているだけだ。家にこもって、世間が求めるのを待っていてはいけない」

どんな仕事も大成させる6つの要素

あらゆる仕事にとって必要な要素は、６つあります。

注意力、勤勉さ、正確さ、手際のよさ、時間厳守、そしてスピードです。

これらは一見すると些細なものに見えますが、人が幸せになるためにも、成長するためにも、役に立つ存在になるためにも、とても重要な要素です。

どれも小さなことですが、そもそも人生というのは、小さなことの組み合わせでできあがっているのです。人間が小さなことの組み合わせであるだけではなく、国家だって小さなものの組み合わせにすぎないでしょう。

1人の人間がダメになってしまうのも、国家が失墜してしまうのも、こうした小さなことを軽んじてしまうことが原因にあります。ちょうど大きな岩が、小さなヒビが原因で割れてしまうのと同じことです。

この小さなヒビに気づかせてくれるのが、「注意力」ということになります。

どんな人間にも、果たすべき役割があります。家庭を切り盛りすることだろうが、営業に行くことだろうが、国家を支配することだろうがすべて同じで、私たちは小さな能力を、注意して育て上げていかねばならないのです。

「勤勉さ」については、これ以上言葉を重ねる必要はないでしょう。

すでに本書では、産業に芸術に科学にと、多くの人間の努力の積み重ねを見てきました。勤勉さはまさに「幸運の母」になります。

「正確さ」というのも非常に重要で、これがその人の熟練度を示す指標になるのは、間違いないことです。

物事を観察するのでも、人前で話すのでも、もちろん日々の業務をこなすのでも、正確さは欠かせないものになります。小さな仕事を正確にこなして完璧に仕上げることは、その10倍も大きな仕事を中途半端にするより、ずっといい結果を導き出すでしょう。

ある賢者は、いつもこう言っていました。

「小さなことを丁寧にやったほうが、結局は早く終わる」

「手際のよさ」というのは、大量の仕事をこなすためには、特に大切な能力です。

聖職者のリチャード・セシルは、これについて次のように言っています。

「1つの箱にものを詰める作業のようなものだ。上手な人は下手な人より、1・5倍多くのものを箱に詰めることができる」

このセシルの「仕事のスピード」は、常人をはるかに越えるものだったそうですが、そのコツについて彼はこんなふうに言っています。

「多くの仕事を速くこなすいちばんの方法は、1度に1つのことしかしないことだ」

彼は「あとでやればいいや」と考え、仕事をやりかけのまま放置することがありませんでした。仕事が詰まってきてしまったならば、その仕事を短縮するのではなく、食事の時間や休憩時間を削るほうを選んだのです。

オランダの政治家デ・ウィットの信条も、セシルと似ています。

「1度に1つの仕事しか、私はやらなかった。ただし、その仕事を速くやることが重要で、その仕事が終わるまでは、ほかの仕事に手をつけなかった」

「仕事のスピード」と「手際のよさ」について、もう少し考えてみましょう。

あるフランスの大臣は仕事が速いことで有名でしたが、一方で娯楽の場にもよく顔を出していました。

どのようにして時間をやりくりしているのかを聞くと、彼はこう答えます。

「今日やるべきことを明日に延ばさない。それだけだよ」

ブルーム卿によると、あるイギリスの大臣はこれと逆で「明日に延ばせることは今日しない」がモットーだったそうです。その大臣の名は、もはや世間から忘れられています。

しかし残念ながら、多くの人はこの〝忘れられた大臣〟と同じことをしているのです。「怠け者体質」や「うまくいかない体質」になりたくなければ、明日に仕事を延ばすクセはなくすべきでしょう。

なぜ「時間」が、ほかのどんなものより価値をなすのか？

「時間厳守」を理解するには、まず時間の価値を知らなければなりません。

仕事をしていると、よく「時は金なり」という格言を聞くことがあるでしょう。しかし時間というのは、実際はお金よりもずっと価値のあるものです。

なぜなら時間をうまく使えば、もっと知識を増やすことができるし、もっとスキルを高めることができるし、もっと自分の人格を高めることだってできるのです。１日のうちで無駄にしている時間をそれらに使えば、いったいどれくらいの成長が期待できるでしょう？

２、３年もあれば、無知な人間も賢い者に変わるかもしれません。いい仕事をして、人生を充実させ、死ぬまでに立派な功績を残すことだってできるはずです。

１日のうちに15分でも勉強の時間に充てれば、１年後にはその効果を実感できます。

その時間を確保するには、効率よく時間を使うのがいちばんの方法です。

時間を効率よく使えば、私たちには余裕が生まれます。

余裕があれば私たちは仕事を前倒しにすることができますし、仕事に追い回されることもありません。

逆に時間に追われるようになると、私たちは困惑し、何ごとも困難になってしまいます。いつもやっつけで仕事を片づけるようになり、気づいたら大惨事が起こっていることも少なくないのです。

我が国の英雄、ネルソン提督はこんなことを言っています。

「私が成功できた理由は、いつも15分早く行動したことだった」

失うまでお金の価値に気づかない人がいますが、時間についても同じことが言えるでしょう。何もできないうちに時間はいつのまにか過ぎていき、人生が残り少なくなって初めて「もっと賢く時間を使っていればよかった」と気づきます。

しかし、それでも怠け癖がしみついてしまっていると、長年の習慣を打ち破るのは容易ではありません。

失った富は努力すれば取り返せるし、失った知識は勉強すれば取り戻せるし、失った健康も節制や薬で取り返せることがあります。しかし失った時間だけは、永久に取り戻すことはできないのです。


そんなふうに時間の価値を認識すれば、「時間厳守」の意義もよくわかるはずです。

「時間を守ることは、王としての節度である」

かつて太陽王、ルイ14世は言いました。

これは紳士としての義務であり、ビジネスパーソンの必須条件です。

仕事において、時間を厳守すること以上に信頼を得る方法はありませんし、時間にルーズであることほど簡単に信用を失う行為もありません。

約束の時間を守り、人を待たせないことは、自分の時間と同じく、相手の時間を尊重していることを意味します。

時間を守ることは、つまりは誠実さの証明でもあるのです。

口頭であったとしても約束というのは契約ですから、それを破ることは裏切りを意味します。信頼を失うのも当然でしょう。

時間に対して不注意な人間は、仕事にも不注意であるとみなされ、大切な仕事を任されることがありません。秘書が遅刻したのを時計のせいにしたとき、ワシントン大統領は静かに言ったそうです。

「では新しい時計を買いなさい。そうでなければ、私が新しい秘書を購入するようにします」

これまで述べてきた「仕事に必要な6つの要素」に加え、より高いレベルの仕事ができるようになるには、「素早い状況判断」と「計画を最後まで遂行する粘り強さ」も必要になります。「臨機応変に機転を利かせる能力」も、重要でしょう。これは生まれもってのカンもありますが、絶えず周りを観察し、経験を積むことによって、自分の中に育て上げていくこともできるでしょう。

注意力、勤勉さ、正確さ、手際のよさ、時間厳守、スピードという6つの要素に加え、状況判断力と遂行力と臨機応変さを持っている人間は、間違いなく仕事において目標を達成し、大きな成功をつかむことができるはずです。

仕事をする上で絶対に忘れてはならない、たった1つのこと

「正直は最善の策」とは、真理として語られる、古きよき教えです。日常生活でもこの教えは実感しますが、あらゆるものと同様にビジネスでも成功するための条件になるのです。

スコットランドの古生物学者ヒュー・ミラーは、その価値を叔父から学んだそうです。こんなアドバイスです。

「利益はまず、相手の側に与えてしまえ。聖書と同じ〝与えよ、さらば与えられん〟だ。そうすればあとでちゃんと、自分のところに戻ってくる」

ある有名なビール製造業者は、成功した要因を、損するのを覚悟で、惜しみなくモルト（麦芽）を使ったことだと述べています。

ビールの大樽の上に上って味見をするとき、必ず彼は言いました。

「まだ物足りないな。モルトをもうひとすくい入れてくれ」

味はよくなるかもしれませんが、彼にとっては損になります。それでもこれがイギリス本国と植民地中で評判となり、彼は巨大な富を築き上げたのです。

誠実な言動は、あらゆるビジネスにおいて基礎となるものです。

軍人に名誉が、クリスチャンに慈悲の心が大切なように、営業職であっても、技術職であっても、事務職であっても、ビジネスパーソンには「誠実さ」が欠かせないのです。どんなに稼ぎの小さな仕事であっても、私たちは常にそれを「人間性を磨く訓練の場」と考えていかねばなりません。

実際、ビジネスほど個人の人格が問われるものは、人間の行為としてほかに存在しないかもしれません。

ビジネスにおいては、正直さ、自己犠牲、正義感、信頼性といったものが、常にテストされているようなものなのです。これを勝ち抜いたビジネスパーソンは、戦火の中で勇気を証明した兵士と同じくらい、称賛に値するものでしょう。

けれども、仕事に携わるほとんどの人が、このテストをクリアしているはずです。

考えてみれば、世の中では毎日、少しの給料しかもらっていない従業員に、多額のお金が任されているのです。店員や銀行員の手元でも、絶えず現金が行き交っています。誘惑が起こってもおかしくないこの状況で、信頼を裏切る行為はほとんど起こりません。

そんなことは当たり前だと思うかもしれませんが、これこそは人間性の最も誇れる部分なのです。私たちはもっと、それを自慢していいのではないでしょうか？

確かにいつの時代もあることでしょうが、不誠実で、詐欺まがいで、節操も道徳心のかけらもないような行為もあります。手っ取り早く儲けるためなら、どんな自分勝手も辞さないような人間もいるでしょう。

混ぜ物を売る商人や、手抜き工事をする業者、偽物を売る製造業者に、不正品をつくる職人……と、挙げていけばキリがありません。

けれども、そういう人間は例外なのです。

そういう低俗な心を持った卑しい人間は、おそらく人生を楽しむことはできないでしょう。不誠実な行為で手にしたお金では、心の平安を得られないからです。

刃物屋から1ペニーの値打ちもないナイフを、2ペンスで売りつけられたラティマー主教は、こんなことを言いました。

「あの嘘つきは、私ではなく、自分の良心を騙したのだ」

他人を騙して得たお金は、一時の間は、浅はかな人間の目を魅了するかもしれません。しかしシャボン玉のように、ふくらんだあとは、はじけて消えてしまうだけなのです。

正直な人間は、不誠実な人間ほど早くは、金持ちになれないかもしれません。

しかしその成功は本物であり、お金より価値の高い人格を、当人に授けるのです。だから正直であることをやめてはいけません。

人格それ自体が私たちの財産であり、人格を失うくらいならすべてを失ったほうがマシ。とはいえ、高い人格を持った人間がビジネスをすれば、成功は必ずやってくるのです。
本章の最後に、ワーズワースの「幸せな兵士」という詩を紹介しましょう。

「彼は自分を信頼し、他人にも信頼を置く。
たった1つの目標を追い、信念がぶれることはない。
富に、名誉に、世俗の地位。
彼はそんなものを待ちながら、しゃがみこんだり、寝転んだりしない。
やがて大切なものは彼のもとを訪れる。
まるで恵みの雨が、頭上に降り注ぐように、それは必ずやってくるのだ」

第10章

金に振り回されるな、金を支配せよ

正しいお金の使い方を知っていた人たち

「それは生け垣に隠すためにあるのでも、車掌に渡すためにあるものでもない。人が自立して生きるという、特権を得るためにあるものだ」

――ロバート・バーンズ（18世紀スコットランドの詩人）

「お金の貸し借りに手を出してはいけない。貸せば友人を失うことになるし、借りれば倹約の心が鈍ってしまう」

――ウィリアム・シェイクスピア

「お金を粗末に扱ってはいけない。お金は人格そのものなのだ」

――エドワード・ブルワー・リットン（19世紀イギリスの作家）

お金の使い方で、その人がわかる！

お金をどう使うか？　どう稼ぎ、どう貯めるか？　これはその人に知恵があるかどうかを測る、最高のテストになります。

お金が人生の主要な目的でないことは確かです。けれども、それが文明を発展させ、物質的な豊かさをつくり上げていることも事実なのです。

その意味で、「お金など重要ではない」と哲学的な話で議論を終わりにするのは間違っているでしょう。

実際、人間が持っているいちばんの特質は、お金の使い方と直接に関わっています。寛大さ、正直、正義、自己犠牲、倹約や貯蓄への考え方など。

一方でお金は、欲望、欺瞞、不正、自己本位といった人間の悪い面を浮き彫りにします。あるいは、お金の魅力にとりつかれた人は、浪費や贅沢といった悪習に支配されます。

詩人のヘンリー・テイラーは、『人生ノート』の中で優れた指摘をしています。

「お金の稼ぎ方、貯め方、使い方、与え方、受け取り方、貸し方、借り方、相続の仕方は、その人の完成度を測るモノサシになる」

物質的な豊かさは、人間が持っている文化性を高めますし、当然、家族を養うことも可能にします。キリストの12人の弟子の1人が言ったように、「家族を養えない者は、信仰なき者にも劣る」のです。

家族を養うために努力することは、それ自体が人生における教育になります。人の自尊心を高め、生きるために必要な能力を鍛え、努力や忍耐力といったものも養ってくれます。

将来のことを見据え、注意深く考えるようにもなるでしょう。現在のことだけではなく、子孫たちが生きる未来のことまで、家族を持つことによって考えるようになるのです。

そんなふうに未来のことを考えるようになると、人間には自己抑制の気持ち、すなわち〝克己心〟が生まれてきます。

作家、ジョン・スターリングは、次のように言っています。

「最悪な教育でも、克己心を教えるのであれば、それを教えないどんな教育よりもマシだ」

克己心、すなわち「未来のよきもののために、いまの楽しみを犠牲にする精神」は、人が最も習得しにくい資質の1つです。

たとえば労働者階級の人であれば、稼いだお金の価値をよくわかっていそうなものです。しかし、多くの人間がお金を持ったとたんに贅沢に飲み食いし、すぐに使い果たしてしまうことも事実でしょう。

一方で資産家たちでも、何不自由なく暮らせるだけのお金を持ちながら、それを贅沢に使い果たして、「気づいたら1日を生きるお金もなくなっていた」というケースは少なくありません。

第4章で紹介したサミュエル・ドリューは、こんなことを言っています。

「倹約してお金の使い方を考えることは、困難を乗り切るための卓越した技術です。それは住んでいる部屋の中で実行されるだけの小さな技術でしかありませんが、これまで国会で議決されたどんな法案よりも、私たちの生活を助けてくれます」

世界を変えたければ、まず自分を変えよ！

「世界を変えたければ、まずは自分が変わることだ」

これは哲学者、ソクラテスの言葉です。

古い詩にも次のようなものがあります。

「もし1人ひとりが行いを改めたなら、いかに簡単に国は再建されるだろうか」

しかし人は、自分の悪い習慣を改めるより、国や教会を変えるほうが簡単だと思いがちです。そして変わる必要があるとしても、それは自分ではなく、自分以外の周囲の人間だと考えがちです。

どんな社会的身分の人であっても同じなのです。現状のまま、自分を変えようとしない人間は、結局のところ「いまのまま」に甘んじるしかありません。

無気力で、自分を助ける力もないまま、社会のへりにぶらさがっているだけですから、社会環境が変われば、避けられない運命を迎えます。少しの蓄えでもあれば力もわいてくるでしょうが、それがなければ誰かの慈悲にすがるしかなくなってきます。

第1章で紹介した政治家であり、実業家でもあった人物、リチャード・ゴブデンは、労働者たちを前にして次のように演説しました。

「いつも世の中には2種類の人間がいる。お金を貯める人間と、使ってしまう人間。つまり倹約家と浪費家だ。

家を建て、工場を建て、橋をつくり、船をつくり、我々の文明を向上させ、我々を幸福にする素晴らしい仕事をしてくれる人間は、常にお金を貯める人間なのだ。お金を浪費する人間は、貯める人間の奴隷にすぎない。

このことは自然の法則であり、神がそうあるべき定めた摂理なのだ。

もし、皆さんが自分を変えようとせず、未来について考えず、そして怠けると言うのならば、私は皆さんを成功させることを約束できない。そんなことを言えば、私は嘘つきになってしまうだろう」

倹約は「自助の精神」を示す見本となる

人が自立して生きていくためには、ただ1つ「倹約すること」が必要になります。

倹約には特別な勇気も、目立った美徳も必要ありません。ごく普通の力、平均的な意志の力があれば、可能なことです。

倹約するのには、基本的に日常生活を管理すればいいだけのことで、規律を守り、質素を重んじ、無駄を省けばそれでいいのです。

キリストはこのように言っています。

「残ったものをかき集め、何1つ無駄にしないようにしなさい」

彼は無限の力を大衆に示しながら、日常生活で自立するための教えを注意深く教えたのです。

倹約はまた、未来のために現在の快楽を我慢する克己の力であり、人間の理性が動物的な本能に勝っていることを示すものです。だから〝ケチ〟とはまったく異なります。

『ガリバー旅行記』のジョナサン・スウィフトは、次のようなことを言いました。

「我々は金を理性で使うべきであり、感情で使うべきではない」

つまり、倹約とは理性の娘であり、節制の妹であり、自由の母です。人格を守り、家庭の幸せを守り、社会の成長を守るものであり、自助の精神の見本ともなるのです。

私たちは、まず自分の収入の範囲内で生活できるようにしなければいけません。そうでなければ、誰かのお金を当てにすることになってしまうでしょう。

お金の使い方に不注意な人は、欲望ばかりにとらわれ、他人の気持ちなど考えません。そして手遅れになってから、お金の大切さに気づくのです。

そうして金銭の問題を抱えると、どんなに気前のいい人間だったとしてもケチになり、卑しい行為に走ってしまうことになります。やがては借金の山に引きずられ、自由な生活が送れなくなってしまうでしょう。

フランシス・ベーコンは、こんな言葉を残しています。

「みみっちくお金を使うよりは、みみっちくでも貯金を積み重ねたほうが懸命だ」

あぶく銭が入ったら、多くの人間がそのお金を無駄に使ってしまいます。しかしそのお金を元手にすれば、将来の自立した人生だって夢ではないのです。

浪費家はたいてい、世の中の不正義を嘆くものですが、本当の敵は自分自身です。自分自身が味方でないのに、一体誰が味方になってくれるのでしょう？

もしお金をきちんと節約できていたなら、ポケットに人を助けられるくらいのお金は残っているかもしれません。お金を浪費して使い果たす人は、他人を助ける機会すら得ることもできないのです。

もちろん、ケチな人間もやはりお金に見放されます。目の前のことしか見ていない視野の狭い人間は、人生においても先が見えずに失敗することが多いからです。昔から言われる「1ペニーを惜しむ者は、2ペンスの人間になれない」という言葉は、その通りの事実でしょう。

気前よく、その上で自己管理もできることが、正直であることと同様に、成功するための最善の策となるのです。

とにかく借金はするな、それは人の運命を変えてしまう

「空の袋はまっすぐ立たない」ということわざがありますが、これは借金を背負った人間にも

言えることです。

「ウソは借金の背中に乗る」と言うように、まず誠実になることが難しくなります。借りた人間に言い訳をするため、ウソをつかざるを得なくなるからです。

健全な精神を持っていれば、誰であっても最初の借金を避けることは難しくありません。

しかし最初の誘惑を受け入れてしまうと、二度目の借金を安易に受け入れるようになります。気がつけば借金でがんじがらめになって、すっかり動けなくなります。

最初に借金をすることは、最初にウソをつくことに似ています。つじつま合わせのためにウソを積み重ねるように、お金も一度借りると、返済のために次々と借りざるを得なくなるわけです。

画家のヘイドンは、初めて借金をした日のことを、「転落の始まった日」と記しています。彼は「借金は不幸の始まり」ということわざの真意を、身をもって知ることになりました。

彼は日記に、次のように書いています。

「初めてお金を借りた日以来、ずっと借金まみれの生活が続いている。おそらく一生、抜け出すことはできないのだろう」

彼の自伝を読むと、お金の問題がどれほど人に不幸をもたらすかがよくわかります。彼は何度も屈辱感に打ちのめされ、仕事が手につかなくなってしまっていたのです。彼は海軍に入ろうとする1人の若者に向けて、次のようなアドバイスをしました。

「借金しないと手に入らないような楽しみを、決して追い求めてはいけない。借金をするな、それは身を滅ぼすもとになる。人にお金を貸すなとは言わないが、そのために自分がお金を借りることになるなら、やはり貸すべきではない。とにかく何があっても、借金だけはしてはいけないのだ」

この貧しい若者は哲学者のフィヒテで、彼は貧しい両親からのプレゼントも受け取らなかったと言います。

海軍提督ジャン・デーヴィスは、若いころの苦労を語った話の中で、借金をしないと決意したときのことも述べています。

「うちは大家族で、父の収入も限られていました。社会人になったとき父から20ポンドをもらいましたが、それが私に与えられたすべてです。海軍で働くようになってすぐもう20ポンド必要になり、手形を切ったのですが、その手形は不渡りになって戻ってきました。

この屈辱に、私は自分を責めました。そしてもう二度と、払えるあてのない手形は切らないと決めたのです。

いままでの生活を改め、1人暮らしを始め、海軍の収入に見合った生活をするようにしました。すると、すぐにやっていけることに気づいたのです。衣類は自分で洗って修繕し、ベッドカバーでズボンをつくり、そうやって節約して金を貯めると名誉を取り戻すために借金を返し、それ以来ずっと収入の範囲で生活するようにしました」

ジャン・デーヴィスは6年間、自分を抑える生活を続けたあと、勤勉な姿勢と戦場での功績により、軍人としての最高位にまで出世するのです。

お金を管理し、誘惑をはねつける習慣をつくる

どんな人間も現状にしっかりと目を向け、収入と支出をしっかりと記録しておく必要があります。この単純な計算の積み重ねが、人生において大きな価値を持つのです。

倹約するには、生活レベルを自分の収入の目盛りピッタリではなく、少し下のところに合わせておく必要があります。そのためには厳守できる生活設計も、しっかり立てておくことが必要になるでしょう。

哲学者ジョン・ロックも、このやり方を勧めています。

「目の前に収支報告を突きつけられれば、どんな人間も生活態度を修正するものだ」

英雄ウェリントンも、入ったお金と出たお金を、すべて正確に記録していました。

彼は従軍作家に、こう語っています。

「私は請求書の支払いを自分でしているのですが、同じことを皆に勧めたいと思っています。前は使用人にすべてを任せていたのですが、ある朝に2年分の滞納金の督促状が届いたのです。これは驚きました。こともあろうに使用人は私のお金を使い、投機に手を出していたのです」

ちなみに借金について、彼はこのように言っています。

「それは人を奴隷にします。お金がなくて困ったことは何度もあったのですが、借金だけはしないようにしていました」

ワシントン大統領も同じように、細かいところまで収支をチェックするようにしていました。それは仕事に使うお金だけではなく、家計の小さなことにまで及んでいたと言います。だからこそ、彼は誠実に、アメリカ大統領という高い地位でいられることができたのでしょう。

若者が人生の道を歩むとき、道の両側にはさまざまな誘惑が列をなしています。そして1つでも誘惑を受け入れると、その次の誘惑にはもう逆らえなくなってしまうのです。誘惑を避ける唯一の方法は、たったひと言、「NO」と言うことです。

その決断は、すぐしなければなりません。迷ってはいけないし、断る理由を考える必要もないのです。

「私たちを誘惑から守りたまえ」という祈りの言葉は、人間のことがよくわかっているから生まれた祈りなのでしょう。しかし誘惑は、間違いなく私たちのところに何度もやってきます。それに流されてしまえば、抵抗する力はどんどん弱まっていくでしょう。1つ誘惑に屈するたびに、私たちの美徳は1つ、消え去っていきます。

逆に誘惑を退ける強さがあれば、最初の決断が私たちに生き抜く力を与え、繰り返すことで習慣が生まれます。

この習慣は私たちの人生において、悪をはねのける強力な防壁になっていくのです。

1杯のウイスキーが人生のターニングポイントになった

ヒュー・ミラーは、若いころに決めた行動によって、キツい仕事にはつきものの誘惑から自分を守ることができたと言います。

それは〝酒〟の誘惑で、彼が石工として働いているとき、仲間たちは酒を飲むのを楽しみにしていました。そしてミラーも誘われ、ウイスキーを2杯飲んだのですが、すぐに酔っぱらってしまいました。

そして家に戻って、お気に入りのフランシス・ベーコンの書を開いたところ、活字が目の前で踊り出し、もはや理解不能になってしまっていたのです。

ミラーはこう言っています。

「あの状況こそ、私にとっては堕落でした。一時にせよいつものように頭が働かなくなってしまったのです。それは何かを決めるにはふさわしくない状況でしたが、私はそのとき、二度と酒によって知的な楽しみを犠牲にしないことを誓いました。神の助けもあり、私はそれを今日まで守っています」

こうした決断が人生のターニングポイントとなり、未来をつくる基礎となることはよくあるのです。もし彼が強い克己心で誘惑を断ち切らなかったら、彼の人生はまったく違ったものになっていたかもしれません。

悪習を断ち切って勝利をつかむには、一般的な思慮分別のレベルではまだ十分ではありません。もっと高いレベルでの道徳心が必要になります。

誓いを立てることも必要ですが、思考や行動の基準を高くし、習慣を改善するのと同時進行で、自分を強く純粋なものにする努力をしなければなりません。

そのためには自分自身について学び、自分を支配している思考や行動を検証していく必要があります。

自分について知れば知るほど、人は謙虚になっていくでしょう。そして自分自身の強さを過信することもなくなるはずです。

将来の大きな目標のために、現在の小さな快楽を我慢することは、非常に価値のある行動になります。それは自分を成長させる有効な勉強になるでしょう。

こんな詩を紹介します。

「真の栄光は、自分自身に対する静かな抵抗から生まれる。
その抵抗なくしては、誰も奴隷と変わらない」

300人の人生を救った、偉大なる週給労働者

勤勉と倹約に努めれば、誰でも普通に働く範囲内で、自立して生活できるはずです。

1ペニー硬貨にはわずかな価値しかありませんが、あらゆる家族が幸せに暮らせるかどうかは、それをどう使い、どう貯めるかにかかっています。

せっかく汗水をたらして手にした硬貨であっても、すぐビール酒場に行き、それからあれやこれやと無駄遣いしていたら、稼いだ硬貨は指の隙間からすべり落ちていってしまいます。そんな人生では、鎖につながれている家畜と変わらないでしょう。

逆に数ペニーの硬貨でも、それを大切に扱っていけばどうでしょう?

たとえば、いくらかは社会的な投資だったり保険や貯蓄に回し、いくらかは銀行に預け、残りは妻や子どものために使う。そうして気づいてみれば、ほんの小さなお金が、人生に十分な見返りをもたらしてくれることになっているのです。

お金はだんだんと増え、家もどんどん豊かになり、将来の心配からもいつのまにか解放されているでしょう。

働く人間が高い理想を持ち、単に所有欲を満たす富ではなく、精神的な豊かさを求めるようになれば、人生を通してより多くの人間を助けることも可能になります。

これは、ごく普通に働いている人にだって、不可能なことではないのです。
それを示すために、ここでマンチェスターのトマス・ライトの人生を紹介しましょう。彼は鋳物工場で週給をもらう立場でありながら、多くの犯罪者の更正に実績を残しました。

ライトはふとしたきっかけで、刑務所を出所した人間が真面目に働くようになることがいかに難しいかを知りました。そしてすぐ、この悪状況を改善することこそ、自分の生涯をかけた目標だと考えるようになったのです。

彼はずっと朝の6時から、夕方6時まで働いていました。そこで、とくに日曜日のような空いた時間を使い、刑務所の出所者に向けた奉仕活動を開始します。これは当時の社会で、まったく無視されていた分野でした。

1日のほんの1、2時間でも、上手に使えば、大きな効果を発揮します。
ライトは働きながら、10年をかけてこの課題に取り組んでいったのです。驚くべきことですが、300人もの元犯罪者に立派な更正の道を歩ませたと言います。

やがて彼は、マンチェスター刑務所で道徳教育を行うようになり、神父にさえ更正させられなかった受刑者たちを、立ち直らせることに成功しました。

さらにライトは、家出した不良少年少女たちを、親元に戻す活動も行っています。彼がいなければ、多くの子どもたちは、そのまま家に戻ることがなかったでしょう。

彼の活動は、出所者たちに真面目な生活と、努力できる仕事を与えることです。しかし、これは簡単なことではありません。

お金も必要になるし、時間も、根気も、信頼性も必要になる。そして最終的には、彼の人格と、確固たる信念がなければできなかったことでしょう。

すごいことにトマス・ライトは、鋳物工場の仕事で得られるわずかな収入だけで、この活動をやり遂げたのです。彼の年収は１００ポンドで、それは平均的な労働者の年収にも満たないくらいでした。

しかもその収入の中から、ライトは犯罪者を助けるための寄付もしていたのです。それはただ、彼の「人を助けたい」という優しさから生まれた行為でした。

しかもライトは、きちんと自分の家族も養い、老後に備えた蓄えさえ残していました。

これは、難しいことではありません。毎週の給料をきちんと管理し、生活費にいくら、家賃にいくら、学費にいくら、貧しい人々にいくら……と決め、あとは倹約した生活を送っていただけです。

ごく普通の労働者が、こんな大きな仕事を成し遂げたのです。

少ないお金でも、克己心をもって何かをすれば、どれだけのことができるか。何より信念を持ち、ひたむきに目標に向かって努力する誠実な人間に、どれだけのことができるか。トマス・ライトの例は、大切なことを教えてくれます。

賢明な人間は必要以上にお金を貯め込まない

高い目標もなく、ただ多くのお金を稼ぐことだけに力を使っている人間も、世の中には決して少なくありません。

確かに身も心も、すべてを金儲けに捧げれば、お金持ちにはなれるでしょう。難しいことではありません。頭を使うことなく、ただ稼いだお金より少ないお金で生活し、小銭を少しずつ積み上げていけばいいのです。

作家のジョン・フォスターは、そんなお金儲けの結果が、どんな人生を招くか。1つの例を示しています。

ある若者が親の遺産で贅沢に暮らし、やがてすべてのお金を使い尽くしてしまいました。絶望した彼は、どこかで死のうと家を飛び出し、ふと足を止めます。

そこからは、彼がかつて所有していた土地が見渡せたのです。

彼はその場に座り、しばらく考え込みます。

そして、この土地を取り戻そうと決意するのです。

町に戻ると、荷車から降ろされた石炭の山が、ある家の前にあるのに気づきます。彼はこれを運ぶ手伝いをするのを申し入れ、わずかな小銭を稼ぎます。同時に食事と飲み物にありつくこともできました。

このような仕事を続けることで、彼は少しずつお金を貯めていったのです。やがてまとまったお金ができると牛を買い、これを買った値段より高く売ることで、利益を得ます。

同じような取引で、額をどんどん大きくすることにより、彼はたちまちお金持ちになっていきました。そして彼はやがて、土地を取り戻してもなお、あまりあるお金を所有することになったのです。

それでどうなったかと言えば、彼はただコツコツお金を稼ぐだけのケチな人間として死んでいきました。

埋葬され、1つの肉体がただ土に戻っただけ……。

これほどの意志の強い人間だったのです。自分のためだけではなく、もっと他人に役立つことをしようと思えば、大きなことが実現できたのではないかと思いませんか?

しかし人生の終わりが、こんなふうに、浅ましくなってしまうことは多いのです。

お金の力というのは、長い間ずっと〝過大評価〟されてきました。

じつは、世界を変えるような大きな偉業は、寄付金名簿に名を連ねるようなお金持ちではなく、ごく普通の資産しか持っていない〝一般人〟によって成し遂げられていることが多いのです。

たとえば、キリスト教を世界の半分の地域にまで広げたのは、最も貧しい階級にいた人々でした。偉大な思想家も、発見者や発明者たちも、また芸術家も、ごく普通の家に生まれ、多くが一般的な労働に携わるような状況からスタートしました。

お金に恵まれることは、むしろ行動の妨げになることも多いのです。

富を得たことが不幸のきっかけになることだって、少なくありません。

たとえば若いうちに遺産を相続すると、人生はあまりに楽なものになってしまいます。すると意欲は何も起こらなくなり、成長がそこで止まってしまうことも多くなるのです。何かに向かって頑張るということもなく、ただ無駄に時間をもてあますことも多くなるでしょう。

これは社会の中で、波に身を任せるだけのイソギンチャクと変わりません。こんな詩を紹介しておきましょう。

「彼の唯一の仕事は、時を潰すこと。

その仕事はなんとむなしく、辛いものではないか」

第11章

自分を鍛え続ける人たち

試練の生かし方

「すべての人間は2種類の教育を受ける。1つは他人から受けるもの。もう1つのもっと重要なものは、自分に与えるものだ」

――エドワード・ギボン（18世紀イギリスの歴史家）

「困難に打ちのめされ、嵐に身をかがめる者に、何ができるだろうか？
そんな人間には何もできないだろう。
では、勝ち抜く人間とは誰なのだろう？
それは、何があっても打ちのめされない人間だ」

――ジョン・ハンター（イギリスの解剖学者）

「賢く行動的な人間は、困難に立ち向かう。自ら進んで。
怠惰で愚かな人間は、困難や危機を見るやいなや縮み上がる。恐怖のあまり、できることは何もない」

――ニコラス・ロウ（18世紀イギリスの詩人）

イギリス伝統校で実践される「最高の教育法」の秘密

他人から教わったことは、自分で苦労して学んだことよりも深く身につくことはありません。

逆に努力によって身につけた知識は、完全に自分自身の財産となります。

さらに自分で学びながら1つの問題を解決すれば、別の問題を解決する手がかりも見つかります。そうやって繰り返し学ぶことで、積み重ねた知識は、私たちの強力な能力に育っていくのです。

大切なことは、私たちが率先して努力することです。

どんな本も、どんな教師も、どんな研修の積み重ねも、この自ら率先する努力なくしては、私たちに使える能力を授けてはくれません。

優れた教師というのは、このような自己研鑽の重要性をわかっていて、生徒たちに自ら知識を吸収するように促すものです。

彼は講義よりも実践に重きを置き、生徒たちに何らかの課題を与えることで、知識の断片を体験から学ばせるようにしています。

伝統あるパブリックスクール、ラグビー校で校長を務めたトーマス・アーノルド博士の教育方針が、まさにこのようなものでした。彼は生徒が自らの努力で力を伸ばすように努め、自らは方向性を指導したり、生徒に刺激を与えたり、励ましたりすることに徹したのです。

彼はこんなふうに言いました。

「私自身としては、生徒をオックスフォードに送って、これ以上に自分を伸ばそうとせず贅沢な暮らしをさせるより、オーストラリアの流刑地に送って、自ら食べるパンのために働かせたほうがいいと思っている」

また、こんなことも述べています。

「もし、この世の中で本当に素晴らしいことが1つあるとすれば、人間が天の恵みに匹敵するような知恵を身につけられることでしょう。生まれつきの才能がなかったとしても、誰でも誠実に学べば、この知識を育めるのです」

かつてアーノルド博士は、鈍い学生を教えているときに、ついキツい言い方をしてしまったことがあったそうです。その生徒は、先生を見上げて言いました。

「どうしてそんなに怒るんですか？　僕はできるだけのことをやっているのに」

この話を彼は現在教えている生徒に伝え、こう加えました。

「このときほど、私の人生に大きな衝撃を与えた経験はありませんでした。彼の表情とあの言葉を、私は二度と忘れることはないでしょう」

体を動かせば、頭のほうも冴えてくる！

植物学者のダニエル・マルサスは、大学に入学した息子に、まず学業に励むことを勧めるとともに、スポーツをするように伝えました。スポーツは精神を働かせる力を養うだけではなく、知的な喜びを感じるいちばんの方法にもなるからです。のちにこの息子は、『人口論』を著した経済学者として有名になります。

体を動かすことのさらなる重要性について、偉大な神学者ジェレミー・テイラーは次のように言いました。

「頭を使わず、体も休ませた状態でいると、つまらぬ欲望がいつのまにか入り込むものだ。五体満足なのに怠け者の人間は、誘惑に抗うことができない。それに逆らうには、何より、体を動かすことだ。体を動かす労働こそ、悪魔を追い払う最善の方法になる」

健康であるかどうかは、一般的に考えられているよりずっと、成功するのに重要なことです。どんな職業であっても、仕事をずっと続けるのであれば、健康は欠かせないものです。知的労働であっても、それは変わりません。

最近の学生を見ていると、不平や不満を言うことが多く、怠惰で現実逃避している傾向もあります。これは、肉体的な運動を軽んじているせいではないでしょうか？

もっと私たちは運動をしたり、あるいは体を動かす仕事をして、体を働かさなければいけません。

肉体労働をすることの効用は、ニュートンの子どものころのエピソードにも記されています。

彼は、どちらかといえば頭の鈍い学生だったのですが、ノコギリやハンマーや手斧を使うことは得意だったようです。「下宿の部屋でトントンやっていた」とのことで、風車や荷車やさまざまな機械をつくっていました。大人になってからも友人のため、よくテーブルや食器棚をつくっていたそうです。

本書でもこれまで述べてきたように、労働者階級だった人間が出世し、純粋に頭脳だけを使うような仕事についたケースはよくあります。

しかし、若いころに肉体労働をしたことは、のちの仕事でも大いに役立っていました。鍛冶屋から言語学者になったエリヒュー・バネットは、「肉体労働の経験があったから、自分は効果的に勉強ができた」と言っています。

実際に彼は、心身の健康を保つため、いったん教職と研究を放棄し、皮のエプロンを身につけて再び鍛冶屋の仕事に戻ったくらいなのです。

道具を使う訓練は、同時に一般常識を養い、また手足の使い方も上手にします。体を使った作業に親しむことで、自分の能力を実践的に活用させる力も身につきます。

さらに言えば、粘り強く仕事に取り組む習慣を、体に植えつけることもできるでしょう。

「偉大な人物は、メンタルだけではなく、体のほうも優れている」

ある記者が述べた言葉です。

作家のウォルター・スコットは、エディンバラ大学で友人からバカにされたくらい、成績は悪かったそうです。ただ足が不自由であったにもかかわらずアウトドア好きで、漁師に負けないくらいの腕でサケを銛《もり》で突きましたし、暴れ馬を上手に乗りこなすこともできました。

彼は文学の世界に身を投じても、アウトドアスポーツへの情熱を失いませんでした。『ウェイバリー』を執筆しているときも、彼は午前中に仕事をしたあと、午後はハンティングをしていたそうです。

鳥類学者のウィルソン教授はアスリートそのもので、専門の論文や詩と同じくらいの腕でハンマーを投げていました。詩人のバーンズも、若いころは跳躍や砲丸投げ、レスリングで活躍していました。

有名な神職者の中にも、若いころに身体的な能力で目立っていた人が何人かいます。アイザック・バローは、チャーターハウス校にいたころ、試合で何人もの鼻を折った悪名高いボクサーでした。アンドリュー・フラーも、やはり農家の手伝いをしていたころ、ボクシングの才能で有名でした。

神学者のアダム・クラークも、「子どものころは、大きな石を転がせることだけが唯一の取り柄だった」と語っています。彼が人類史において大きな思想を前に動かすことができたのも、そんな力強さがあったからでしょう。

必要なものを自分で選択する力を身につける

勉強によって得られる特性は、読書の量で決まるわけではありません。賢い人間になるなら、目的に沿った勉強をする必要があります。

考えて決めた目的に対して一定時間、気持ちを集中させ、心をコントロールする習慣をつくったとき、勉強の効果は最大に発揮されるのです。

外科医のアバネシーは、無駄に知識ばかりを詰め込むことを戒め、医学の勉強について次のように言いました。

「自分が望んでいることがはっきりとわかっているのであれば、それを習得するための勉強の仕方を見つけるのは、難しいことではない」

つまり、最も効率のよい学習とは、目標や目的をはっきりさせることなのです。

どんな分野でも、必要な知識さえしっかりマスターしていれば、私たちはその分野で知識を適切に使うことができます。

単にたくさんの本を所有しているだけでは、必要な情報を使いこなすことはできないでしょう。仕事や人生に使える実践的な知識とは、それが必要なときに、頭の中からすぐ取り出せるものでなければならないのです。

たとえば、家にたくさんの貯金があったとしても、ポケットにまったく小銭がなければ、何も買うことはできません。私たちはどんな場合も、チャンスがあればいつでも使えるように、知識を持ち歩いていることが必要になります。

決断力と行動力も、私たちが自己鍛錬によって身につけなければならない能力です。

この2つの能力を育てるには、自ら考えて行動するクセをつけることが重要になります。

若い人にこれを身につけさせるには、あらゆる行動を可能な限り、自由に選ばせてあげるのがいちばんでしょう。指示を与えすぎたり、行動を制限してばかりいると、自助の精神はなかなか育ちません。これは泳ぎを学ぼうとする者に、浮き輪を渡すようなものです。

自由に行動させることによって、自信をつけさせることも大切です。自由に行動させないことは、私たちが想像する以上に、人の成長を阻む大きな要因となっています。

実際、人生における失敗の大半は、馬が駆け出そうとしているときに、手綱を誰かが引っ張ってしまうことが原因とも言われているのです。

文学者のサミュエル・ジョンソン博士も言っています。

「成功の秘訣は、自分自身の力に自信を持つことだ」

「自分の特性をきちんと認めていること」と「謙虚であること」は、まったく相対するものではありません。自分のいいところを否定してしまうのは、まったく誤ったことです。

確かに暗号にでたらめな数字を並べるように、根拠のない自信を持っている人もいます。しかし、自信がないせいで行動できないのも問題であり、こうした弱い性格が成長を邪魔する要因になっている人も多いのです。

本を読むだけで賢くなる人など、どこにもいない

私たちは、自分に委ねられた力を発揮することで、尊敬を勝ち取ることができます。才能がたった1つしかない人でも、それを正しく使えば、10の才能をもてあましている人より称賛されるでしょう。

つまり、どんなに優れた資質を持っている人でも、それを何かに役立てなければ、莫大な遺産をただ相続している人と同じで、何の価値も見出されないのです。

ならば、自分の力をどのように使えばいいのでしょう?

どのように、それを役立てればいいのでしょう?

知識というのは、それを人のために使ってこそ、「知恵」と呼ばれるものになります。ただ大量に役立たない知識を頭に詰め込んでも、意味をなしません。

そのために、私たちは正しい心を持った人間である必要があるし、つまらない人間になってはいけないのです。

スイスの教育家、ヨハン・ハインリッヒ・ペスタロッチは、次のように言いました。

「正しく耕された土壌に種を植え、その根を育てていかない限り、あらゆる教育は害になってしまう」

確かに正しい知識を得ることで、くだらない犯罪に手を染めることは防げるかもしれません。しかし正しい信条や習慣を身につけない限り、自己本位な悪徳をはねのけることはできないのです。

私たちは日常生活で、多くの知識を身につけているにもかかわらず、性格が破綻した人をよく見かけます。学校で教育を受けているのに、実践的な知恵を学んでいない。そんな人は、「決して真似てはいけない見本」にしかならないでしょう。

「知は力なり」とは言いますが、狂信や独裁や功名心もやはり力なのです。知識それ自体は、正しく使われないとより危険になるし、知識のみに価値を置く社会は、魔物が住む伏魔殿と変わらないのです。

私たちが身につけるべきは、実践的な知恵であり、人生において大切なことを理解する力なのです。

そのためには、よく周りを観察し、心配りをし、あとは粘り強く努力して、自分を鍛えていくという、昔ながらの手段に頼るしかありません。

知恵を身につけるには、読書よりずっと高いレベルの自己鍛錬が必要です。

読書というのは、しばしば他人の考えを受け入れるだけの作業になりがちで、自身の頭で考えて行動することが伴いません。

そのことは私たちにとって〝読書〟という行為を、単なる娯楽にしてしまっているのです。心地よい刺激にはなるかもしれませんが、自分を改良したり、心を豊かにしたり、人格を形成したりという効果にはなっていません。

読書をすることで教養を深めていると過信している人は多いのですが、何も行動を変えなければ、ただ時間を潰しているだけになるのです。ただ読んでいる間だけ、悪事から人を遠ざけるだけの効果しかないでしょう。

本で読んだことは、本質的には頭に入れたことでしかないのです。

これに対して、実生活で得た経験は、使える知恵になります。

それがどんなに些細なものであっても、読んだだけの経験よりもはるかに高い価値を持っているのです。

ボリンブルック卿は、それについてこんな表現をしています。

「どんなに勉強をしても、それによってよりよい人間になれないのであれば、結局は怠惰の言い訳にしかなっていない。そこから得ているものなど、何もないのと同様だからだ」

私たちは何になり、何をすべきなのか?

よい本を読めば役に立ちますし、多くの示唆を与えてくれるのは確かなことです。けれども私たちは、それは心を鍛えるための1手段にすぎないことを、認識しておかなくてはいけません。

実際に体験したことや、実際に素晴らしい人に会うことに比べれば、読んで学ぶ勉強が人生に与える影響は少ないのです。

歴史を見れば、イギリスの自由を築いてきた人物の中には、文字は読めないけれど、立派な人格を備えていた人々が大勢います。

そもそも文化が担う主要な目的とは、他人の思考で誰かの頭を満たしたり、他人が考えた印象をそのまま受け入れさせたりすることではありません。

私たち個人の個性を引き伸ばすことであり、個々が求められている仕事の分野で役に立てる、優秀な人材に育てることにあるのです。

私たちにとって重要なのは、「どれだけのことを知っているか？」ではなく、「知っていることで何ができるか？」です。

知識の目的は、私たちの知恵を豊かにし、人格を高めることにあります。それによって私たちはよりよい存在となり、より幸福で、より役立ち、より人に慈悲深く、より精力的で、より人生の高い目的へ向けて力を発揮できる人間になれるのです。

「私たちは何になり、何をすべきなのか……？」

他人の話を読んだり、聞いたりしているだけではなく、私たちはこの問題について徹底的に考えなければなりません。

私たちが出した最善の答えが、私たちの行動となり、私たちの人生になっていくのです。

自分をコントロールしていくことは、実生活で役立つ英知を身につけるための第一歩になります。その根本に必要なのは、自分を尊重することでしょう。

希望は人の源泉であり、あらゆる力と同盟関係にあるものであり、成功の母となるものです。強い希望があれば、人は自分の中に奇跡の贈り物を見出します。

たとえば世の中でいちばん蔑まれている人だとしても、こんなふうに宣言することはできるでしょう。

「私は自分を尊敬し、自分を進化させます。これが私の人生で果たすべき、真の義務なのです。また、私はこの大きな社会を担う一員として信頼され、責任を果たす存在であるために、これをつくった神に対して、自分の肉体や精神や素質を傷つけない義務を背負っています。

逆に私は、自分をつくっているこれらの要素を、より高い完璧な形につくり上げる責任を背負っています。そのためには、自分の中にある悪を抑えるだけではなく、よい素質を呼び覚ます必要があります。

だからこそ私は自分を尊重しますし、他人のことも同じように尊敬します。私たちは皆、お互いに尊敬し合わなければならないのです」

勝ったときではなく、重要なのは負けたときだ!

人を成長させるのは、安楽ではなく努力。快適なものではなく、困難が人をつくります。どんな立場の人間であっても、困難に立ち向かってそれを打ち壊していかない限り、成功をつかむことはできません。

困難は私たちにとって最高の教師であり、失敗もまた、学ぶための最高の経験になるのです。成功より失敗からのほうが、私たちは多くを学ぶことができます。それは「何をすべきでないか」を知れば、「何をすべきか」がわかるからです。一度も失敗したことがなければ、それに気づくこともないでしょう。

気圧の原理の発見も、失敗から生まれたものでした。

水面から10メートル以上の高さにあるバケツに水を汲み上げようとして失敗したことで、気圧の原理についての研究が始まります。それがガリレオ、トリチェリ、ボイルといった天才たちが活躍できる分野を切り拓いたわけです。

ジョン・ハンターはよく、「成功体験ではなく、勇気をもって失敗を発表しない限り、外科の技術は進歩していかないだろう」と語っていました。

蒸気機関の発明者であるワットも、「私たちが求めているのは常に、失敗ばかりを集めた歴史だ」と述べています。

化学者のハンフリー・デイヴィーは、滞りなく丁寧に行われた実験を見て、こう言いました。

「私は器用でそつのない人間でなかったことを、神に感謝したい。というのも、重要な発見のほとんどが、失敗から生まれたものだからだ」

思想であれ、発見であれ、発明であれ、偉大な結果はいつも、困難によって育てられているのです。悲嘆の中で生まれ、苦労とともに花開くのです。

ベートーベンは、同じ作曲家のロッシーニについて、次のようなことを述べました。

「素晴らしい音楽家なのだが、子どものころに苦労してこなかったことが残念だ。何でもうまくできたことが、かえって才能をダメにしている」

自分の中に強さがあれば、批判的な意見を恐れる必要などありません。むしろ恐れるべきは、大きな称賛や好意的な評価なのです。

作曲家メンデルスゾーンは、バーミンガムのオーケストラで『エリア』の演奏を初披露するに当たり、批評家である友人に笑いながら言いました。

「さあ、遠慮なく私をこきおろしてくれ！　よかったところなんて言うなよ。気に入らないところを、どんどん言ってくれ」

戦場で将軍が技量を試されるのも、勝ったときではなく、負けたときだと言われています。

ワシントンは生涯、勝った戦いより、負けた戦いのほうが多かったそうです。古代ローマ人の栄光も、たいていはボロボロに打ち負かされたときから始まりました。

ナポレオンの下で戦ったモロー将軍は、同僚からは「太鼓に似ている」と言われています。なぜなら彼の名は、「打ち叩かれたときしか聞こえてこなかった」からだそうです。

困難に立ち向かうほど、あなたは強くなれる

インドの大乱の際に騎兵隊を率いて勇敢に戦ったハドソン少佐は、その後、不当に軍隊を除隊させられてしまいました。心ない誹謗や中傷に打ちのめされた気分でしたが、彼は力強く友人に語っています。

「僕は戦場で敵と向かい合ったときのように、この最悪の状況と向かい合っているよ。自分にできることは、結局のところできる限りのベストを尽くすことでしかない。与えられた結果をすべて受け入れ、それでも自分がやるべき責任を果たすつもりだ。見返りがあろうがなかろうが、やるべきことはやるべきなのだから」

人生という戦いでは、多くの場合、苦戦を強いられることが多いのです。

困難のない戦いなど、おそらく名誉を勝ち取れる戦いではないのでしょう。困難がなければ、

そこに何ら成し遂げられるものはないし、成功もないと思ったほうがいいのかもしれません。困難は人を弱くしますが、一方で人に覚悟を決めさせるし、勇敢にもするのです。人類が発展してきた歴史を見れば、よい行いや、誠実な思い、努力や忍耐によって多くの人が困難を乗り越えてきたことは確かです。しかし、その前に必要なのは「この困難を乗り越えてやろう」という、強い決意にほかなりません。

不運に逆らって立ち上がる気力が、私たちには欠かせないものなのです。よくも悪くも、困難に直面したときに、私たちの本性はさらけ出されます。困難に遭遇することで私たちの強さは鍛えられ、腕も磨かれ、将来の困難に対処する力もつきます。これはちょうど、マラソン選手が丘を登るコースを走り続けることによって、長い距離を走る能力が鍛えられるようなものです。

成功への道は山登りのようなもので、山頂へたどりつく力があるかどうかを、いつも試されています。ただ、どんな困難もしっかりとそれに取り組めば、乗り越えるのは難しくないと気づくのです。これはちょうど、トゲのあるイラクサも、つかんでみたら案外と絹のように柔らかいのに似ています。

挑戦しさえすれば、案外と私たちには簡単にできてしまうことが多いのです。やってみなければ、自分にどんなことができるかなど、誰にもわかるわけがありません。しかし多くの人は、やらざるを得なくなるまで、ベストを尽くしてやってみようとは思いません。「もし自分にいろんなことができたらなあ」と願っている人間は多いのですが、願っているだけで実現できることは何もないのです。

願望があるならば、それを実現する目標を立て、あとは努力していくしかありません。1000の望みよりも、たった1回の行動のほうがよっぽど価値は高くなります。

人生において「もしも……だったら」という言葉が積み上げる山は、所詮は無能者や敗北者の愚痴でつくられた山であり、それがあらゆる挑戦を妨げる原因になります。まさに、可能性の周りに張りめぐらした障壁にしかならないのです。

リンドハースト卿は「困難は打ち勝つためにある」と言いましたが、すぐに困難に挑むほど、何度でも戦いに臨めるようになります。

何度でも困難を迎えれば、私たちはそれと対峙しても、優雅に明るく自由に対処できるようになるのです。これは困難を避け続けた人には、理解できない心情でしょう。

吃音症の青年が、弁論の達人になれた理由

雄弁家として知られるアイルランドの政治家ジョン・フィルポット・カランは、若いころは吃音の障害を持ち、学校でもよくいじめられていたそうです。

法律の勉強をしながら、彼はその障害を克服しようと苦労していました。

しかしあるとき、彼はディベートクラブのメンバーに「無言の雄弁家」とからかわれます。というのも、以前に彼がからかわれたとき、反論しようと立ち上がったものの、そのまま凍りついてしまって、何も言うことができなかったからです。

けれどもそのとき以来、カランは一生懸命、正確に話す練習をしていたのです。そして再び「無言の雄弁家」と言われたとき、奮起したカランは、堂々と自分の反論を相手にぶつけることができました。

この経験に後押しされ、彼はさらに演説の勉強を極めていきます。文学作品の名文をハッキリと正しい発音で声に出して読む練習をし、鏡の前で自分の表情を研究し、言葉に説得力や優雅さを加えるため、ジェスチャーの技術も取り入れました。また、法律の勉強をしていた彼は、裁判の場面を想像し、陪審員に話しかけるようなシミュレーションも行います。

こうしてカランは弁護士の資格を取り、仕事を始めるようになるのです。

弁護士になっても、最初のうち彼の仕事はぱっとせず、1シリングにすらならないものでした。吃音で苦しんでいたときの引け目を、まだ引きずっていたところもあるかもしれません。

しかしあるとき、判事の言葉に腹を立て、鋭い弁論をすることがあったのです。そのときの裁判で、判事に対してまずカランはこんな反論をしました。

「私が持っているどんな本の中にも、閣下がいまおっしゃったような法律は見当たりません」

その判事は言い返します。

「そうかもしれんな。しかしそれは、君の書棚にある本があまりに少なすぎるからじゃないか？」

じつはこの判事は、過激な政治活動をしていることで悪評が高く、暴力的で独善的なパンフレットにも、しばしば記事を書いていました。

明らかに身分で人を差別するようなこの発言に対し、カランは声を荒げて、堂々と自分の主張をぶつけたのです。

「おっしゃるように私は貧乏で、蔵書の数も大したものではありません。しかし本が少なくても、私はそれらの本を厳選し、仕事に役立てるよう、適切に読み込んできました。ですから、ただ膨大な本を読んでいるだけの人間より、法律の分野において正しい仕事ができるよう準備してきているつもりです。

また、私は自分が貧乏であることを恥じてはいません。それよりも、正直であることを誇りにしています。そうでなければ、不正を働いて金儲けをしようとする、下劣な人間と同じになってしまいますから」

カランはのち、政治家として成功していくことになります。

どんな環境であっても、自分の才能は鍛えられる

ジャーナリストのウィリアム・コベットが、いかにして英文法を学んだかという話は、働きながら勉強している、すべての人間の興味をひくと思います。

彼もまた貧乏な境遇に生まれています。彼の言葉を引用しましょう。

「文法を勉強していたとき、私は軍隊にいて、日給6ペンスで働いていました。ベッドの端が私の書斎で、ナップザックが書棚、膝の上に置いた厚紙が私のデスクでした。

文法の勉強には普通なら1年もかからないのですが、ロウソクや油を買うお金がなく、冬場は暖炉の灯りだけが頼りになります。しかしながらこれも順番待ちで、なかなか自分はその恩恵を享受できません。

こんな状況で、私には励ましてくれたり、助言してくれたりする両親や友人もなく、それでも勉強を修了することができたのです。これに比べたら、一体誰が、自分には勉強する環境がないと言い訳することができるでしょうか？

貧しいから、忙しいから、環境が整っていないから……そんなものは理由になどならないと思いませんか？

1本のペンや1枚の紙を買うために、もとからほとんど食べていないのに、さらに半分の食事を抜かなければなりませんでした。

1人になれる時間などまったくなく、思慮のない誰かが話していたり、笑っていたり、歌っていたり、取っ組み合いをしていたりする中で、私は本を読んだり、書き物をしなければならなかったのです。

いまも忘れられない思い出があります。

ある金曜日、私は必要な支払いをやりくりして、なんとか半ペニーのお金を残しておいたのです。翌朝、そのお金でニシンの薫製を買うつもりでした。

ところがその夜、生きるのも辛いほどの空腹感を抱えながら上着を脱いだとき、そのお金が消えていることに気づいたのです！

私はボロボロになったシーツと掛物を頭から被って、まるで子どものように泣きました。

もう一度、皆さんに言いましょう。こんな状況でも、自分の勉強を続けた人間がいるのです。世界中のどこに、自分にはできないなどと言う人がいるのでしょうか？」

作家のウォルター・スコットが、いままで出会った中で最も忍耐力があった人間として、よく挙げているのは、詩人のジョン・レイデンです。

彼はロクスバラシャーの荒れ果てた谷で、羊飼いだった父のもとに生まれました。ほとんど独学で教養を身につけます。

彼は極度に貧しい生活などものともせず、エディンバラ大学に入る道を見つけます。

やがて彼は小さな本屋の常連となり、手には大きな書物を広げ、店内に立てかけたはしごに座って、そこで何時間も過ごすようになりました。みすぼらしい小屋のような家に戻れば、待っているのは水とパンだけの粗末な食事ですが、読みたい本を読め、聴きたい講義を聴ければ、彼はそれで満足だったのです。

しかし、困難と闘い続けた彼には、やがて成功の機会が訪れます。ギリシャ語とラテン語の知識を身につけ、また民俗詩の膨大な研究していた彼の功績を大学が認めることになったのです。それがまだ19歳にもならない年齢ですから、教授たちも驚きました。

その後、彼はインドに関心を持ち、公職を探しますが、見つかりません。しかし「外科医の仕事ならある」ということを聞きます。

もちろん彼は医者ではありませんし、外科に関しても子ども程度の知識しか持っていません。

それならば、学んでやろう！

しかし、彼に言い渡された期間は6ヵ月です。普通なら3年はかかる勉強です。

ところが彼はその勉強をやり抜き、たった6ヵ月で外科医の免許を取得してしまいました。

詩集『幼年時代』を発表したあとで、彼はインドへ向けて出港します。

偉大な東洋学者になると期待されたレイデン。しかし彼は熱病に冒され、残念ながら短い人生を終えてしまいました。

自助の精神にとって、老いも若きも関係がない

「学ぶのに遅すぎるということはない」という例も、数多く存在します。

何かを始めるのに年齢は関係ありません。何歳だろうが、決意さえすれば不可能はないのです。

例を挙げていきましょう。

歴史家のヘンリー・スペルマンは、50代になってから科学の勉強を始めました。ベンジャミン・フランクリンが物理学の研究を本格的に始めたのも、50歳になる前です。ドライデンとスコットが詩人として知られるようになったのは40歳になってから。ボッカチオが作家として知られるようになったのは35歳ですし、イタリアの劇作家アルフィエーリがギリシャ語を学び始めたのは、46歳でした。

教育家のアーノルドは、歴史家ニーブルの著作を読むため、歳をとってからドイツ語を学びました。同じ理由で、発明家のワットも文献を読むため、40代でフランス語、ドイツ語、イタリア語の習得をしています。神学者のトマス・スコットが、ヘブライ語の勉強を始めたのは、56歳のときです。

作曲家のヘンデルが名曲を発表し始めたのは、48歳を過ぎてのことでした。

このように歳をとってから新しい道に踏み込み、新たな世界で成功を勝ち取った例は何百とあるのです。「自分は歳をとりすぎたから」などと言うのは、不真面目で怠惰な人間の言い訳にすぎません。

逆に若くして開花した才能のほうは、どうでしょうか？

たとえば子どものころ〝神童〟と呼ばれた子どもたちは、その後どうなっているのでしょう？　成績優秀者たちの将来は？

そんな子どもたちの後世を追うと、学校では〝のろま〟と呼ばれていた人物たちに、追い越されてしまっている例はよく見られます。やはり天賦の才に恵まれていても、懸命に努力する人間には、かなわないのです。

子どものころ〝のろまな子〟だったのが、大人になってから優れた功績を残す人間になった例も数多くあります。

たとえばニュートンは、学校時代の成績が下から2番目でした。ある日、自分より成績が上の生徒に蹴られた彼は、勇気をもってその生徒を殴り返しました。成績でも「見返してやる」と決意した彼は、その少年を抜くどころか、クラスのトップになってしまったそうです。

偉大な聖職者にも、子どものころは落ちこぼれだった人が多くいます。アイザック・バローは不良少年でよく学校をさぼっていましたし、アダム・クラークは父親から「愚か者」とはっきり言われました。

『ガリバー旅行記』のジョナサン・スウィフトは、ダブリン大学を落第し、特別な情けでオックスフォード大学に入っています。

ベンガル知事を務めたロバート・クライブは、のろまとまでは言いませんが、冴えない少年ではありました。その代わり悪いことをするときだけは、エネルギーがあったようです。彼がインドへ向けて出港するとき、家族は厄介払いができたと喜んだようですが、そんな彼がイギリス領インドの基礎を築きました。

ナポレオンもウェリトンも、2人とも愚鈍な少年だったようです。学校では目立たなかったし、ナポレオンの子ども時代を知る作家も「健康だったけれど、ほかの少年と違うところなどなかった」と言っています。

南北戦争で北軍の総司令官として戦ったユリシーズ・グラント将軍も、母親から「役立たずのグラント」と言われていました。

刑務所改革運動を行ったジョン・ハワードも、愚鈍な少年で学校の7年間はほとんど勉強をしませんでした。

優れた化学者のハンフリー・デイヴァー博士も、とくに優秀な少年というわけではなく、晩年になってから「学校では放任されたぶん、怠惰を楽しむことができた」と振り返っています。発明家のワットも、早くから才能があったとも言われますが、じつはただの愚鈍な学生だったというのが真実のようです。

教育家のアーノルド博士が子どもについて言っていることは、大人にも当てはまる原則です。人間の運命に差をつけるのは、才能ではなく、やる気なのです。

根気とやる気は、すぐ習慣になります。のろまでもやる気をもって努力を続けていけば、利口だけど努力する習慣のない人間にすぐ追いついてしまいます。競争に勝つのは、必ず追い上げてきた人間になるでしょう。

私が子どものころ、同じクラスに、これ以上ないくらいの、理解力が不足している子どもがいました。

いろんな先生が次から次へと彼に勉強を教えようとしましたが、誰もうまくいきません。成績が悪いことを示す帽子を被るような体罰を加えたり、なだめすかしてみたり、熱心に忠告したり、トップの気分を味わわせてみたり……でも、どれもことごとく失敗しました。先生も完全に匙《さじ》を投げ、「途方もないまぬけ」と呼ぶ人までいました。

けれども彼は、愚鈍ではあったものの、目的に向かって突き進むやる気は持っていたのです。

大人になると彼は強い意志の力に突き動かされ、仕事の分野で次々と、かつての同僚たちを抜いていきました。最後に私が聞いた話では、彼は生まれ故郷で市長をしていたそうです。

正しい道を行く亀は、間違った道を行くウサギを追い越します。

不器用さは問題ではなく、じつは器用さのほうが問題なのです。

というのも、頭の回転の速さは、ときには障害とすらなることがあります。速く覚える人間は忘れるのも速く、努力して覚える必要性を感じません。

逆に覚えが悪ければ、嫌でも努力しなければなりません。しかし、それこそが価値ある人格をつくるのです。

〝できが悪かった〟ハンフリー・デイヴァー博士の言葉は、すべての人がかみしめるべきでしょう。

「いまの自分は、自分自身がつくり上げてきたものだ」

第12章

最高の「模範」を見つけるには

あなたの背中は、必ず誰かに見られている

「彼らの亡霊が私たちの前に現われる。
それは高貴で親愛なるものたちだが、1人は血まみれだ。
彼らはベッドやテーブルの上から、私たちを見下ろしている。
その美しい視線と、よき言葉をもって」
――ジョン・スターリング（スコットランドの詩人）

「子どもを絞め殺せたとしても、その行為を殺すことはできない。
それは不滅の生命をもって、意識の中で生き続ける」
――ジョージ・エリオット（19世紀イギリスの女流作家）

「この世における人間の行為が、長く続く連鎖の始まりである。どんなに賢い者でも、その連鎖の先を予測することはできない」

――トマス・ホッブズ（17世紀イギリスの哲学者）

親という「手本」――家庭は最大の教育の場である

身をもって示された見本は、言葉こそありませんが、私たちにとって最も力強い教えになるものです。

それは実践的な学校であり、体で覚える仕事の場であり、いつも言葉以上に効果的な学びになります。

確かに格言は私たちに道を示してくれますが、私たちに習慣を身につけさせ、実際にどのように生きるべきかを導いてくれるのは、何と言っても、もの言わぬ大勢の模範となる人々なのです。

よいアドバイスには重みがありますが、いい例がないと、影響は比較的小さなものとなります。「私の言う通りにやりなさい」「私のするようにしてはいけない」とは言いますが、現実はだいたい逆になっているのです。

人は皆、多かれ少なかれ、耳よりも目から多くのことを学びます。

だから実際に目で見たことは、読んだり聞いたりしたことよりも、はるかに深い印象を私たちに与えるのです。

とくに幼いころを考えれば、目があらゆる知識の入り口となります。だから子どもたちは、まるで昆虫が葉の色に染まるように、見たものを真似ていきます。

すると私たちに最も大きな影響を与えるのは、やはり家庭での躾《しつけ》ということになるのです。学校がどんなに優れたところだったとしても、男女を問わず、家で学ぶことより大きな影響は与えられないでしょう。

つまり、家庭というのは社会の核となり、国の性質を決める根本になるのです。国家は子ども部屋から生まれ、世論は家庭で育ち、道徳は一家団欒の場で形成されると言ってもいいでしょう。思想家のエドモンド・バークは、次のように言っています。

「社会の中の最も小さな集団を愛することが、社会全体に対する愛へとつながっている」

親の性質は、常に私たちの性質となって繰り返されます。

親の愛情表現、規律正しさ、勤勉さ、自制心が、私たちにとっての毎日の模範です。耳で聞いたどんな教えを私たちが忘れていたとしても、それは私たちの生き方や行動の仕方に染みついているでしょう。

だから賢い人間は、我が子のことを「写し鏡」ととらえています。自分の小さな行動や無意識のひと言ですら、子どもの性格に一生消えない烙印を押してしまうことをわかっているのです。

また人類史上、どれだけの悪い行為が、よき親のことを思い出すことで、踏みとどまることになってきたでしょう?

それは親の思い出を、下劣な行為や堕落した思想で汚してはいけないと考えるからで、それくらい私たちは親の影響に人生を左右されているのです。

これに関して、画家のベンジャミン・ウェストは、「母親のキスが私を画家にした」と言いました。また議員のファウエル・バクストンは、「他人のために何かをしようとするときは、いつもあなたが私に植えつけてくれた道徳心を感じます」と母親に手紙を書いています。

女流作家のシンメル・ペニンクは、晩年になって母親の影響を振り返っています。彼女の母親が部屋に入ってくると、急に周囲の会話のトーンが活性化し、雰囲気も自由で清らかなものになったそうです。

「彼女がいると、私も別人に生まれ変わったような気分になれました」

彼女はそう言っています。

親が子の前で生活するだけで、子どもたちにはこれだけの影響を与えているのです。ですから親が子どもにできるいちばんの教育は、「汝自身を改めよ」ということになるでしょう。

優れた言葉だけでリーダーになれる人はいない

私たちのあらゆる言動は、その影響を大きく拡大させて広がっていきます。ときには色をつけて、未来の人生に影響するだけではなく、社会に影響を及ぼすことだってあるのです。家族に、友人に、仕事仲間に……影響がどこまで広がったかを追跡することは、不可能でしょう。だからこそ「よき模範」を示すことが、とても重要なのです。

よき模範には、どんなに貧しい人でもなれるし、どんなに地位の低い人でもなれます。低地に置かれた灯りが、丘の上に置かれた灯りに等しく輝くように、どんな最悪な状況に置かれた人でも、正しい生き方を示すことによって、ほかの人間の見本になることはできるのです。たとえ自分の墓の広さほどしかない土地を耕している人でも、巨額の資産を持つ者と同様に、よき目的のため、誠実に働くことはできるのです。

ごく普通の作業場が、勤勉さや科学やよき道徳の学校となる一方で、怠惰や欺瞞や腐敗の学校ともなります。

それらはすべて、機会を与えられた個人が、それをどう生かすかにかかっているのです。見事に生き抜いた素晴らしい人生は、子どもたちに残せる最高の財産になります。子どもたちだけではなく、それは世界にとっても素晴らしい財産でしょう。

この財産に満たされている限り、私たちは徳を身につけ、悪徳が間違っていることを反証する最高のレッスンを受けることができるのです。

だから、他人に何かを言うだけでは十分でありません。

実際の行動で、自ら模範になるようにしましょう。

オーストラリア移民の福祉問題で活躍したカロライン・チザム夫人は、『アンクル・トムの小屋』の著者であるストウ夫人に、自分の成功はすべての人の人生に応用できると言いました。その上で、こう加えています。

「私には、わかったのです。もし私たちが何かをしたいなら、それに対して行動し、その何かをしなければいけません。言っているだけでは、何も変わらないのです」

どんな雄弁家も、行動で示さなければ、何も説得力はありません。

もしチザム夫人が講演をするだけで満足していたら、彼女は決して話す以上のことは実現できなかったでしょう。人々は彼女の実際の行動をその目で見たからこそ、彼女の考えを受け入れ、力を貸そうと思ったのです。

世界に恩恵をもたらす仕事をする人は、決して説得力のあることを言う人や、素晴らしいことを考える人ではなく、最も説得力のある行動をする人なのです。

1枚の写真に写っていた靴屋が、その男の運命を変えた

医師のトマス・ガスリーは、「貧民学校」の創設運動を熱心に進めた人物ですが、その際に模範として大きな影響を受けたのが、ジョン・バウンズというポーツマスで靴屋をしていた貧しい人間です。

どんなふうにバウンズが、ガスリー医師の模範となったのか？　ガスリーの言葉を引用しましょう。

「私がこの運動に参加することになったいきさつは、人の運命が川の流れのように、小さな出来事で変わってしまうことを示す見本でしょう。そのとき興味を持ったのは、海沿いの目立たない地域で見た1枚の写真でした。

何年も前に私がその町を訪ねたとき、気分転換に入った酒場で、壁に飾られているたくさんの写真に目を留めたのです。多くは杖を持った羊飼いの女性であったり、祭日の服装を身に着けた海兵だったりで、興味をそそるものではありません。

ただ1枚、マントルピースの上にひときわ大きく目立っていた写真が、靴屋の仕事部屋でした。そこにいた男は鼻に眼鏡をかけ、膝の間に修理中の古い靴をはさんでいます。大きな額と固く結んだ口は、彼の個性を表しているようでした。

そして彼の優しそうな瞳は、忙しそうな靴屋を取り囲んで授業を受けているらしい、多くの貧しそうな子どもたちを見つめていたのです。

私は好奇心に駆られ、この写真の説明を読みました。

そしてこの男が、ジョン・バウンズという靴屋であったことを知ったのです。

ジョン・バウンズは、聖職者、あるいは紳士淑女から見捨てられ、道ばたで行き倒れそうになった貧しい子どもたちを憐れみ、靴屋に集めて育ててきた人物です。まるでよき羊飼いのように、神と世界に奉仕するため、彼らに教育を授けました。

そして必死に働いてパン代を稼ぎながら、５００人もの子どもたちを悲惨な運命から救い、社会に送り出していったのです。

私はこれを読み、自分が恥ずかしくなりました。

自分がこれまでしてきたことが、いかに小さなことだったか、思い知りました。

私は彼の功績に心から感動し、つい一緒にいた仲間に『この人物こそ人類の誇りじゃないか！　イギリスに建てられた、いちばん高い記念碑にふさわしいくらいじゃないか！』

私は彼の人生を、さらに探りました。

ジョン・バウンズの人生は、人々への思いやりに満ちた、まるで神のようなものだったようです。それでいて賢さも持っており、子どもたちがなかなか言うことを聞かず、学校に来たがらないときなどは、鼻先に熱いポテトをちらつかせたそうです。よく波止場で、貧しい子どもを追いかけている姿が目撃されました。

私は彼の行為が、それにふさわしいだけの名誉を得る日が来ることを願っています。

詩人たちがその功績を歌い上げ、記念碑が建てられるような人々の集団をかきわけ、偉人や貴族や世界中の名士たちの前を通り過ぎ、貧しく歳をとったバウンズが、名誉を授かるために神の階段を上るのです。そして神は『最も小さき者の１人にしたことは、私にしたことと同じだ』と、彼を祝福する……。

私はそんな光景を頭で思い浮かべるのです」

優れた仲間は、魔法のような連鎖を引き起こす

経済学者のエッジワースによると、人は共感を得た仲間から最も強い影響を受け、その言動を真似ていくようになるそうです。だからこそ、見本となる仲間を選ぶ力はとても重要になります。

エッジワースは、こんな信条を持っていました。

「いい仲間がいるか、さもなくば、仲間がいないかのどちらを選ぶかだ」

コリングウッド提督は、若い友人にこのようなことを述べました。

「つまらない仲間といるならば、1人でいるほうがいいと覚えておきなさい。人は選んだ仲間によって決まるものだ。だから自分自身と同じか、それ以上の存在と感じた人間のみとつきあうようにしなさい」

よい人間とつきあえば、私たちは必ず、よいものを受け取ることになります。これは旅人がいい香りのする花の前を通り過ぎると、その服に芳しい香りがしみつくようなものです。

詩人のジョン・スターリングと親しかった人間は、彼が周りの人間に及ぼした素晴らしい影響について語っています。

多くの人間が彼によって、自分がもっと高いところを目指せる存在なのだと目覚めました。

次はトレンチという詩人の言葉です。

「スターリングの清らかな人間性にふれると、自分自身も浄められ、より高いところに引き上げられることを感じずにはいられませんでした。彼と会って別れたあとは、いままでの自分よりも、もっと高い目標を実現できるように感じていたのです」

これが素晴らしい人の作用であり、私たちは無意識のうちにその人の人格によって高められ、その人と同じように感じ、その人と同じ光を見るような習慣を身につけられるのです。

こうした魔法のような「行動と思考の連鎖」が、優れた仲間を持つことによって起こります。

芸術家も同様に、自分たちより優れた芸術家と交流することによって、自らを高めてきました。

たとえばハイドンの天才性は、同じ作曲家のヘンデルに影響されたものです。ヘンデルが演奏するのを聴き、ハイドンは「自分も曲をつくりたい」という激しい熱意に突き動かされました。その機会がなかったら「天地創造」を作曲することはなかったと、彼自身も言っています。

ハイドンは、ヘンデルについて言います。

「彼は一度決めると、稲妻のように突進するんだ」

「ヘンデルの曲を聴くと、いつも血がたぎる」とも、彼は言っています。

ベートーベンはケルビーニという作家を称賛し、またシューベルトの天才性にも影響を受けていました。

「シューベルトには神の火が宿っている」とは、ベートーベンの言葉です。

画家のノースコートがレイノルズに憧れたときは、まだ子どもでした。しかし、その偉大な画家が公式な会議場に現われたとき、民衆をかきわけて、彼のコートの裾にふれたことがあるそうです。

「そのとき心が大きく満たされるのを感じた」

若い情熱ゆえの行動ですが、それでも大きな感化をノースコートは受けることができました。

優れた人間の伝記は、永遠に生き続ける模範となる

書物を単に読むだけでは、述べたように模範として学ぶには効果が少なくなるでしょう。しかし優れた人間の伝記を読み、そこに描かれる人物の人格にふれることによって、私たちは優れた見本を持つこともできます。

偉大な私たちの先人たちは、その人生を綴った記録の中に、まだ生存しているのです。成し遂げた偉業を伝えるだけではなく、彼らはテーブルにつき、私たちの手を握ることさえしてくれます。

だからそこに記されたことを模範とし、私たちは勉強し、崇拝し、真似ていくこともできるのです。

本当に素晴らしい人生の記録を残している人は誰でも、永遠のよき資源を後世の人間に残しています。

だからどんな時代が来ても彼らは模範となり、人間に新鮮な空気を呼び込み、人生を再生し、その人格を新しく更新することを手伝ってくれるのです。

まさに本物の人生を描いた伝記は、生き続ける声であり、生き続ける知性でしょう。

ミルトンの言葉を借りるなら、こういうことです。

「その書物には偉大なる精神が流れており、腐らぬように保存された〝命を超えた命〟に等しいものだ」

アメリカの偉人ベンジャミン・フランクリンは、自分が世の中に貢献できたのは、若いときに読んだ牧師コットン・マザーの自叙伝『善をなすための随想集』のおかげだと言いました。

サミュエル・ドリューーは、自分の仕事における習慣は、ベンジャミン・フランクリンの記録を模範にしたと述べています。

このように、よき模範は書物による連鎖でどこまでも広がり、どこに終わりがあるかもわかりません。実生活で最高の仲間と出会うように賢く書物を読み、その中で見つけた最高の見本を真似るようにしていけばいいのです。

作家のダドリー卿は、次のように言っています。

「私は本に関して、古くからの最高の仲間たちとだけつきあうようにしているし、より親密になりたいとも思っているのです。新しい本を手に取るより、古い本を読み返すほうが、十中八九、役に立つのではないでしょうか」

ただ、単なる暇つぶしで適当に選んだだけの本が、以前に感じたことのない力を呼び覚まし、人生を変える模範になることもあります。

たとえば、騎士だったイグナチオ・デ・ロヨラは、パンプローナの戦いで足に重傷を負い、静養しているときに『聖人列伝』を読みました。たまたま気分転換のためと、もらった本だったのですが、彼は深く影響され、やがて宣教師となり「イエズス会」の設立に身を捧げる決心をするのです。

マルティン・ルターも、『ヤン・フスの生涯と著作』を読んで強く触発されたことが、宗教改革者のきっかけになりました。

またウィリアム・ケリーが伝道師になったのも、『キャプテン・クック航海誌』に影響されたからだと言います。

こうした書物による模範の連鎖は、時を超えて終わりなく続いていきます。憧れが真似ることにつながり、心の優れた人間を育てていくのです。

第13章

品格ある人間になるために私たちがやるべきこと

ただの成功者ではなく、いつまでも語り継がれる存在になる

「いつも仕事をしている者は誰だ？　それは彼だ。

彼がしてくれた、いくつもの優しさが思い出される。

しかし仕事の場で彼が見せる姿は紳士的で、花のように美しい。

そんな彼こそ、間違いなく紳士の名に相応しい」

——アルフレッド・テニソン（19世紀イギリスの詩人）

「才能は孤独のうちに育ち、人格は社会の荒波の中で最適に形成される」

——ヨハン・ヴォルフガング・フォン・ゲーテ（18〜19世紀、ドイツの詩人）

誰からも愛されたホーナーが、ただ1つ持っていたもの

「品格」というのは、人間の天性が最もよい形で表れたものです。

それは人の持つ最も高貴なもので、備えていること自体が財産となり、あらゆる立場の人に権威を授け、あらゆる人の信用を保証します。

それは富よりも強い力を与え、周りから嫉妬されることのない名声を、あなたに授けてくれるのです。

人は誰でも、そうした品格を持つ資質を備えて生まれてきます。

品格を持った人格者は、社会にとっての良心となるだけではなく、統制のとれた国家をつくる原動力となります。なぜなら世界を支配しているのは、間違いなく道徳的な資質であるからです。

ナポレオンは、「戦争においてさえも、道徳心は身体能力の10倍は大切だ」と述べました。ほかの人々に比べて教養や能力が劣っていたり、持てる資産が少なかったとしても、優れた品格を持っている人間は、いつも他人に影響を与えます。職場だろうが、作業場だろうが、お店だろうが、議会だろうが、それは変わりません。

教養があれば人から称賛されるかもしれませんが、人の信頼を勝ち取るには、それ以上のものが必要なのです。

38歳で亡くなった政治家、フランシス・ホーナーの人生は、まさにこれを体現したものでした。コバーン卿はこのように言っています。

「ホーナーは38歳という短い人生だったが、ほかのどんな人間よりも周りの人々に影響を与えた。彼は誰からも称賛され、愛され、信頼され、死を悼まれました。

いったいなぜ、フランシス・ホーナーは、それほどまでに人を惹きつけたのでしょう？

身分のせいでしょうか？

彼はエディンバラに生まれた、単なる商人の息子でした。

富のせいでしょうか？

彼のどんな親族も、6ペンス以上のお金は持っていませんでした。

地位のせいでしょうか？

彼がついていた役職はたった1つで、それもたった2、3年です。何の権限もなければ、払えるものもありません。

才能があったからでしょうか？

彼はごく普通の人間で、天才などではありませんでした。注意深くはあるけれど鈍重で、唯一の野心はといえば、正しい人間であり続けることくらいでした。

話がうまかったからでしょうか？

彼の話し方は穏やかで、威圧したり、誘惑したりということは一切ありませんでした。

魅力的な振る舞いのせいでしょうか？

彼はいつも正しいことをし、皆が喜ぶことをしただけだったのです。それ以上でも、それ以下でもありませんでした。

では、彼の何がいったい、それだけ人を惹きつけたのでしょう？

それはただ彼が良識のある人間で、努力家で強い信念を持ち、人に対して優しかったという、それだけなのです。

これはごく普通の人が持っている資質であり、訓練をして手に入れるようなものではありません。ただ品格だけが、生まれに恵まれたわけではなく、特別な才能もなかった彼を、極限まで魅力的な存在にしていました。

議会には彼よりも才能を持ち、言葉巧みな人間が大勢います。しかし彼ほど、道徳的な価値をもって、あらゆることを適切に行う人間はいませんでした。たとえ競争と嫉妬が支配するような世界でも、正しい力さえ持っていれば、教養や才能に恵まれなかった人間が、大きなことを成し遂げることは可能です。おそらくホーナーは、そのことを証明するためにこの世に生まれてきてくれたのでしょう」

優れた人格には、誠実さ、高潔さ、善意の3つが必要

誠実さと、高潔さと、善意。この3つこそ、品格の要素となるものでしょう。このような資質を持った人が、強い目的意識を携えて何かを実行するなら、それを止めることができるものなどありません。善行を強く行い、悪に強く立ち向かい、どんな困難や不運も強く打ち砕くはずです。

そこでまず、「高潔さ」について述べますが、イタリアの貴族、コロンナ家のステファンが敵に捕えられたとき、敵は「お前を守ってくれる砦はどこにあるんだ？」と、なじりました。しかしステファンは胸に手を当て、勇敢に答えたのです。

「ここにある！」……と。

高潔な人格を持った人間は、不運な状況の中でも明るく輝いています。ほかの皆が折れてしまっても、高潔な人間だけは、志と勇気を持って立ち続けているのです。

人は誰でも、人生の目標として、高潔さを備えた人間になれるよう、努力すべきです。人間にとって、そうなること自体に価値を置くことが、努力の動機づけになります。また、理想とする人間像を考えることで、私たちの努力して向上しようとする心は、より高まっていきます。

理想が必ず実現するとは限りませんが、私たちはそうした目標を常に見上げることで、人生の質を限りなく高めていくことができるのです。

ベンジャミン・ディズレーリ元首相は、次のように述べました。

「上を見ない若者は、下を向くようになる。高みを目指さない精神は、地に落ちることを余儀なくされる」

また詩人のジョージ・ハーバートは、次のような詩を残しています。

「お前は態度を低くし、目標を高く掲げるがよい。
そうすれば謙虚だが、高潔な者になれる。
木を登る者より高く、空を飛ぶ者を目指すのだ」

考え方や生き方に高い基準を課している人は、明らかにそうでない人よりも、優れたことを実行します。

「金の上着をつかもうとせよ、そうすれば片袖くらいは入るかもしれない」というのは、スコットランドのことわざです。

高潔なところに目標を置く人間は、理想の通りになれなくても、スタート時点より、はるかに高いところに到達するのです。それに努力した経験それ自体が、永久に役立つ財産になるでしょう。

自らの言葉に誠実であれ、善に忠実であれ

次に「誠実さ」ですが、これは品格において「中枢」にもなるものです。

言葉だけではなく、行動も誠実であること。これは、優れた品格をつくるには欠かせません。

実際、人は「そう見える姿」と「そうなりたい姿」を一致させなければならないのです。

かつてイギリスで奴隷廃止運動を続けていたグランヴィル・シャープのところに、アメリカの紳士から手紙が来たことがあります。彼はシャープのことを非常に尊敬していたので、息子の1人に彼の名前をつけたと言います。

シャープは、このような返事を書きました。

「名前を与えた人間として、息子さんに私の家族が愛していた金言を教えましょう。それは

『いつも自分がこうなりたい、と望む自分になれるように努力せよ』というものです。父によれば、彼はこの言葉を誠実に実行し、真面目で正直な人間として、公私ともに優れた品格を保ち続けたのです」

「やると言ったことは、誠意をもってそれを実行せよ」

自分自身に敬意を払い、他人を尊敬している人は、必ずこの文言を実行しているはずです。ピューリタン革命の指導者、クロムウェルは、頭がいいけれどあざとい人間だった弁護士バーナードに言いました。

「君が最近、とても慎重に行動しているのはわかったよ。でも、自惚れないことだ。狡猾さは人をときどき裏切る。誠実さは人を裏切らないがね」

言っていることとやっていることがずれている不誠実な人間は、言葉に重みがなく、人からの尊敬も集めません。真実であっても、その言葉はウソのように聞こえるでしょう。

品格をつくる要素、最後は「善意」ですが、品格を持った人間は、誰も見ていなかったとしても、常に正しい行動をします。

正しい躾を受けた子どもであれば、誰も見ていなくても、果樹園で梨をポケットに入れるようなことをしません。もしその子に「どうして取らなかったの？　誰も見ていないのに？」と問えば、このように答えるでしょう。

「誰も見ていないわけではありません。僕が見ています。僕は自分が悪さをしているところなど、見たくはなかったのです」

この言葉はシンプルですが、信条を冒さない理由と「善意」の意味をよく示しています。

良心は品格を支配し、それを守る気高い防御壁の役割を果たすものです。人生に影響を与えるのはもちろんですが、人生を変える大きな力ともなり得ます。

良心は人の性格の上に、毎時間、毎日と積み重なり、その力を強化し続けます。良心からの力を得られなければ、私たちはすぐ誘惑へと走ってしまうでしょう。

一度、誘惑に走ってしまうと、品格を守るものはなくなります。それがほんの小さなものだったとしても、もはや逃げる場所などなくなってしまうのです。

「思いやり」の貯金で国家も変わる

太陽の光がとても小さな穴から差し込むように、とても小さなことで、人の品格はよく知ることができます。

つまり、高潔さや誠実さや善意に基づく小さな行動が、その人の本質を浮き彫りにするわけです。私たちの毎日の生活は、小さな習慣を1つひとつを積み上げることで成り立っているのですから、それも当然のことでしょう。

人の品格を知るための最もわかりやすいテストは、他人に対するマナーを見ることでしょう。上司や部下や同僚に対する優雅な態度は、常に周りの人間を喜ばせます。それは尊敬の念によって他人を喜ばせるだけではなく、自分自身をその10倍は喜ばせることができるのです。こうした「よい振る舞い」は、誰にでも自己鍛錬で身につけられます。たとえ財布の中に1ペニーしかなくても、人は誰でも礼儀正しくなれるし、親切になれるのです。

社会の中で紳士的であることは、何も言わない光の影響のように、あらゆるものに色を加えます。それは言葉の脅しや暴力よりも力があり、効果もあるのです。

あたたかい親切な視線で見つめられるだけで、人は喜びや幸せを感じるものです。

聖職者のロバートソンは、ある女性から聞いた話を手紙に書いています。

「その女性は、その貧しい少女の顔が輝き、目から感謝の涙が流れるのを見たというのです。それは日曜日の教会で私が彼女の前を通り過ぎたとき、優しい目を向けた瞬間のことでした。何という教訓でしょう。人はこんなにたやすく、人に幸福を分け与えられるのです。私は悲しい気持ちでいっぱいになっていて、その少女の前を通り過ぎたとき、優しく見つめるくらいのことしかできなかったのです。それでも私は少しでも彼女に光を与え、その心にのしかかった重みを、ほんの少しでも軽くすることができたのです」

道徳とマナーは、人生に色を与え、それを条文化した法律よりもずっと大切なものです。法律は私たちにとって限定された場所でしか出会わないものですが、マナーは私たちが吸っている空気のように、あらゆる場所にあります。

よきマナーとは、よい振る舞いであり、礼儀と親切から成り立っているものです。それは人々の間で有益で喜びに満ちた交流を促す、思いやりにも通じています。

エリザベスI世を長く補佐してきた重臣バーリーは、女王にこう言いました。

「思いやりで国民の心をつかむのです。そうすれば国も女王陛下が望むように変わっていくでしょう」

私たちは思いやりを示すだけで、周りの人を和やかに、幸せにすることができるのです。気取った態度や技巧など必要ありません。

小さな思いやりを実行しても、人生にごく小さな変化が起こるだけで、それ自体は些細な価値しかないでしょう。けれども繰り返すことで、その価値は増していきます。

それは空き時間や、毎日コツコツと貯める硬貨のように、長い月日によって大きな実を結ぶものなのです。

「優しさ」がその人物の品格となる

マナーを磨くことは、ビジネスの世界で人と交渉する人間には、必ず要求されることです。

笑顔や行儀作法というのは、成功して人生の高いステージに立った人間には、不可欠なものとも言われます。

一方で礼儀ができていない人は、どんなに勤勉で誠実で思いやりのある性格だったとしても、その優れたところの大部分を生かせずに終わっていることも少なくないのです。

もちろん世の中には無作法など気にせず、もっと優れた資質だけを見てくれる、心の広い人間もいます。しかし広い世界でそういう人は希少な存在であり、多くの人は人を見かけで判断してしまうのです。

本当の礼儀を示すもう1つの要素に、他人の意見をどれだけ考慮するか、というものがあります。

独善的な振る舞いは、よく生意気さが成長しただけのものにすぎないと言われます。そして独善が度を超したものが、意固地と傲慢ということになるでしょう。

私たちはお互いの違いを認め、意見が食い違ったとしても、感情を抑えて、相手の言葉を受け入れなければなりません。

主義主張は、完全に穏やかな態度で聞くものであり、殴り合ったり激しい言葉の応酬をしても、お互いの心に消えない痛みを残すだけです。

本当の礼儀は正義感と優しさから生まれるもので、社会的な地位とは関係ありません。だから聖職者や貴族だけではなく、どこで働く人にも礼儀正しい人はいます。

身分や貴賤に関係なく、地位や社会的に置かれた環境にも関係なく、天はすべての人間に、最も価値のある〝優しい心〟を授けてくれました。この優しさを備えていない人間が、尊敬されるべき貴い存在であるわけがありません。尊敬されるべき心は、貴族の服に包まれた中だけではなく、農夫の灰色の服の中にも宿っているのです。

詩人のロバート・バーンズが、ある名家の若者と歩いているとき、バーンズは1人の農民とすれ違いざま、丁寧に挨拶をしました。すると若者は、身分の高いものに相応しくないと、彼をとがめたのです。

バーンズは声を荒げて言いました。

「君は大馬鹿者だ！　僕は立派なコートや帽子やブーツに挨拶をしているわけではない。それを身につけた人そのものに挨拶しているんだ。それに人間としての価値で言うなら、あの男のほうが僕や君に勝っているかもしれないし、いつの日かもっとその価値を上げるかもしれないじゃないか」

人がわからない人間にとって、貧しい人間は、ただ貧しい者にしか見えません。

しかし正しい心を持った人間には、いつも人の価値がはっきりと見えているのです。

グラント兄弟、人格者は〝心〟で人を屈服させる

ウィリアムとチャールズのグラント兄弟は、スコットランドの農家に生まれました。しかし突然の洪水で家をなくし、一家はラムズボトムの村にたどりつきます。そこで父親は染物工場の仕事を見つけ、ウィリアムも見習いで働くことになったのです。

やがて兄弟2人は、ウィリアムは、いつか自分たちが経営者になることを夢見て、働くようになります。彼らは努力し、倹約しながら、誠実に働き続けました。そして一歩一歩、その地位を上げ、とうとう自分たちの工場を持ったのです。

さらに2人は勤勉に努め、事業を拡大し、人にも奉仕を続けます。そして気づいたら彼らは金持ちになり、人々の尊敬を集めるようになっていました。彼らの繊維事業は多くの雇用者を生み、また、教会や学校を建てるなど、喜んで公共投資もしました。彼ら2人のおかげで、町は活気づき、喜びに満ちあふれたのです。

そんな中であるとき、マンチェスターのある問屋が、グラント兄弟のビジネスを激しく非難するパンフレットをつくりました。

こともあろうにパンフレットは、ウィリアムのことを「ビリー・ボタンの花みたいな頭でっかちな人間だ」と揶揄しています。ウィリアムはそれを聞き、「あの男はいつか後悔すること

になるぞ」とだけ言ったそうです。

そして、ウィリアムが予測した通りになりました。

この問屋は事業がうまくいかなくなり、商売に行き詰まって破産した上、グラント兄弟から署名をもらわないと、商売を再開できない状態になってしまったのです。

さすがに問屋は、彼らに頼みごとをしても聞いてはもらえないと思います。

しかし家族から請われ、しぶしぶサインをもらいに、かつて「ビリー・ボタン」と呼んだウィリアムのもとを訪れました。


「あなたは、あのパンフレットを書いた方ですね」

ウィリアムは問屋に尋ねます。

書類を暖炉の火に投げ込まれてしまうのではないか……男はそう思いました。

しかしウィリアムは、躊躇なくそこにサイン。これで必要な書類はすべて整ったのです！

「私たちは、真面目な商売人の書類にはサインを拒まないとルールを決めています。あなたもその1人だと聞いていますので」

書類を返しながらウィリアムが言うと、問屋の男の目には涙があふれています。

「ほら、言ったでしょう？　パンフレットを書いたことを後悔することになるって！　あれは脅し文句ではなく、あなたが私たちをもっとよく知れば、私たちを傷つけようとしたことを後悔するだろうなと思ったんですよ」

「そうです。そうです……」

問屋は本当に後悔しているようでした。

その後、「これからどうするつもりですか？」というウィリアムの質問に、問屋の男は、書類が整えば助けてくれる友人がいると答えます。

「でも、支援が得られるまでの間は？」

借金の支払いのため、いまは家族に生活必需品を買うことすら我慢させているそうです。

「それはいけません。これで奥さんや家族に必要なものを買ってあげてください。もう、泣かないで！　いままで通り、真面目に仕事をしていけば、きっとうまくいきますよ！」

ウィリアムはそう言って、彼に10ポンドを渡します。

問屋はなんとか感謝の言葉を伝えようとしたのですが、胸がいっぱいで言葉が出てきませんでした。顔に手を当てて、子どものようにむせび泣きながら部屋を出て行ったのです。

本当の「ジェントルマン」から私たちが学ぶべきこと

「ジェントルマン」とは、最高のモデルを模範にして、伝統的に形づくられた性質を備えた人々です。それは古くからある呼び名であり、どんな社会階級に属していても、名誉と力を持った人間だと考えられてきました。

年老いたフランスの将軍は、スコットランドの貴族からなるプロヴァンスの村ルションに配属された連隊にこう言っています。

「ジェントルマンは、常にジェントルマンであれ！　困難や危機に遭遇したときこそ、それが試されるのだ！」

こうした気質を持っていること自体がある種の権威となり、あらゆる人々から尊敬を受けてきたのです。名ばかりの権威に敬意を示さない人々すら、「ジェントルマン」には価値を置いていました。

「ジェントルマン」にとって大切なのは、「他人にどう見られるか」ではなく、「自分には自分がどう見えるか」です。常に〝内なる観察者〟が、自身の行為の是非を判定しました。だから「ジェントルマン」は名誉を重んじ、卑劣な行動を嫌います。

行動の規準は常に高いところにあり、ごまかしや言い逃れをせず、ウソを嫌います。正直で正義感にあふれ、まっすぐな行動をよしとするのです。

ウェリントン公がナポレオンと戦う前、彼はインドのアッサイユで軍を率いていました。戦争に勝利したのち、インド小国の藩主が彼のもとを訪れます。彼はウェリントンに賄賂を贈ることで、情報の提供を受けようとしました。その額は10万ポンドをはるかに上回るものだったと言います。

「見たところあなたは、秘密を守られる方のようですね」

ウェリントンは言います。

「ええ、もちろんです」

「じつは私もなんですよ」

ウェリントンはそう言い、にっこり微笑むと、そのまま首相にお引き取り願ったというわけです。彼の口からは、どんな小さな情報も漏れることはありませんでした。

彼はインドで大きな評判を得ており、通常であれば莫大な富を得ることも可能だったのです。しかし彼は、ほとんど貧しい境遇のままでイギリスに帰ってきました。私腹を肥やすことはまったくなかったのです。


富や地位の高さというのは、本当のジェントルマンの気質を持っているかどうかに関係ありません。

貧しい人間であっても、平凡な人間であっても、老若男女に関係なく、誰でも「ジェントルマン」のように生きられるのです。それには本書で述べてきた「自助の精神」があればいいのです。

1つの例を紹介しましょう。

イタリアのアディジ川が氾濫し、ベローナの橋が真ん中の部分だけを残して流されてしまったときです。その真ん中の部分に1軒の家が取り残されました。

家の住人は助けを求めています。

しかし真ん中の部分の土台は、いまにも崩れそうになっていました。

そのとき、この地域の領主だったスポルベリーニ伯爵が言ったのです。

「誰か、あの不幸な人々を助けられる者はいないか？　もしそれができる勇気ある者がいれば、100ルイ金貨を与えよう！」

すると若い1人の農夫が群衆の中から進み出ました。

彼は小さなボートに乗り込むや、急流の中を漕ぎ出していき、橋のところにたどりつきます。そうしてボートに助けを求めていた家族を乗せ、無事に岸まで戻ってきたのです。

「よくやった、勇敢な若者よ！　この金貨を持っていくがいい」

伯爵がお金を差し出すと、その農夫は答えます。

「いりません。私はお金のために命をかけたのではありません。金貨は、あの気の毒な家族にあげてください。本当にお金が必要なのは、彼らなのですから」

作業着しか身につけていなくても、彼こそは本当のジェントルマンだと言えるでしょう。

真の勇者になるために、私たちには何ができるか？

「古き騎士道精神はすたれてしまった」

そんな嘆きは、ときおり聞かれます。

しかし現代においても、勇敢で優しさに満ち、英雄的な犠牲的精神を発揮する人は、あらゆる場所で見ることができます。私たちも決して、捨てたものではありません。

インドのアグラでは、敵との戦いで、多くの兵士が負傷して、駐屯地に運ばれました。これを献身的に救ったのが、看護師の女性たちです。

女性たちから手当を受ける間、彼女たちに聞こえるところで野卑な言葉を使う兵士は、どこにもいませんでした。そして治療の末、ある者は息を引き取り、ある者は回復します。

回復した兵士たちは、看護師たちをタージ・マハルの宮殿に招いて、感謝の意を伝えるねぎらいをしました。いちばん辛いときに看護をしてくれた女性たちへの恩を、兵士たちも決して忘れていなかったのです。

クリミア戦争のときも、トルコのスクタリの野戦病院で、多くの兵士が女性たちの看護を受けました。体にも心にも大きな痛みを抱え、休むことのできない兵士たちにとって、真夜中でも枕元まで様子を見にきてくれるフローレンス・ナイチンゲールの姿ほど、ありがたいものはなかったでしょう。

１８５２年２月27日、アフリカの沖合で難破した蒸気船バーゲンヘッド号のエピソードは、時代を超えて記憶されるべき騎士道精神を表すものでしょう。

その船は、４７２人の男性と、女性と子ども１６６人を乗せて航行していました。男性は大部分がケープタウンに駐留する新兵でした。真夜中の２時に、彼らは甲板に呼び出されます。

「女性と子どもを救おう！」

船底に穴が空き、バーゲンヘッド号はすでに沈みかけていました。兵士たちは女性たちを起こして回り、子どもたちと一緒に集め、手分けして救命ボートに乗せていったのです。

すべての救命ボートが海に出されると、商船の船長が軽はずみな指示を出します。

「残った兵士で泳げる者は、海に飛び込んでボートを追いかけろ」

すると連隊長だったライトが、すかさず叫びます。

「ダメだ！　そんなことをしたら、ボートが沈んでしまう！」

すると勇敢な兵士たちは皆、その場に静止したのです。

もはや助かる見込みはありません。けれども落ち着きを失う者は１人もいませんでした。彼らが示した栄光と誇りは、その思い出とともに、永遠に語り継がれるでしょう。

自助できる人ほど、他人のことを助けられるようになる

ドイツの詩人ラモットは、ある日、人ごみを抜けようとして、若者の足を踏んでしまったそ

うです。この若者はすぐ逆上して、彼の顔を殴りつけます。

するとラモットは言いました。

「ああ、あなた、ご自分がしたことを後悔するでしょうね。私の目が見えないことを知れば」

自分より弱くて無力な者に対して横暴な振る舞いをする人間は、決して紳士にも勇者にもなれません。それどころか、「暴君は奴隷にすぎない」と昔から言われているのです。

本当に強い人間には強さに対する自覚があり、正しい心で、高潔な心で、その力を行使します。シェイスクピアの言葉を紹介しましょう。

「なんと素晴らしいのでしょう。巨人の力をお持ちとは！

しかし、なんと愚かなのでしょう。その力を巨人のようにしか使えないとは！」


チャタム伯となったウィリアム・ピット元首相は、ジェントルマンと呼ばれるような優れた人間の特徴について、次のように述べました。

「日常生活の小さなことでも、自らを犠牲にしてほかの人を優先できる」

高潔な人格を持った人柄で知られた、ラルフ・アバークロンビー将軍のエピソードを紹介しましょう。彼はアブキール湾の海戦で致命傷を負い、1人の兵士が所有していた毛布を枕にして、静かに死を迎えようとしていました。枕のおかげで、痛みもいくらか和らいだようです。

すると彼は尋ねました。

「この頭の下にあるのは何かね？」

「単なる兵士の毛布です」

「誰の毛布なんだ？」

「ただの兵士の1人です」

「だから誰の毛布かと聞いているんだ！　私は今日、彼が使う毛布がちゃんとあるのかどうか、それを確認したいんだ」


つまりアバークロンビー将軍は、死の間際であってさえ、兵士の1人が夜に使う毛布を奪ってしまわないかと心配していたわけです。

最後に歴史家のトマス・フラーが、フランシス・ドレイク将軍について述べた言葉を紹介して、本書の幕を閉じることにしましょう。

「彼の人生は品格あるもので、仕事においても、言葉遣いにしても、それは同じでした。目下の者にはいつも優しく、ただ怠ける人間を何より嫌いました。彼は重要な局面になると、その人がいかに信頼でき、優れた能力を持っていても、人任せにすることはなかったのです。危険や困難をものともせず、勇気と力と努力をもって、自分が真っ先に行動しました」

おわりに

本書の著者、サミュエル・スマイルズは、1812年にスコットランドのエディンバラで、11人兄弟の中に生まれました。

当初、彼は医学を志し、エディンバラ大学にまで進んでいます。

ちょうどそのころに、コレラで父親も亡くしていますから、本書で紹介される多くの偉人たちと同様、スマイルズもまた困難な人生をたどったのでしょう。生計を稼ぐため、文筆業を始めるようになっていきます。

『自助論』がイギリスで発行されたのは1859年、彼が47歳のときでした。

本書に登場する大勢の人物。とくに世界史に詳しくない方には、なじみのない人物も多いかもしれません。

もちろんナポレオンであったり、あるいはニュートンやガリレオといった科学者だったり、ミケランジェロやベートーベンのような人物は、私たちにわかりやすいでしょう。

けれどもそれ以上に本書では、イギリスの近現代史をつくり上げた代表的人物を取り上げています。その点は日本人にとって、本書を難解にしている1つの要素かもしれません。

本書が書かれた1859年、イギリスはヴィクトリア女王を頂き、世界の頂点に立っていました。その支配領域は、アフリカ、中東、インド、東南アジア、中国、オーストラリアにまで及び、アメリカはすでに独立していたものの、世界中の富と知識が集まる国になっていたわけです。

ちなみに日本にペリーの艦隊がやってきて、開国をしたのは1853年のことでした。

なぜイギリスがそんなに強かったのかといえば、そのおよそ100年前から、この国では「産業革命」が進行していました。

本書の第2章で紹介されているように、1776年にはワットが蒸気機関を実用化させ、それが機関車や蒸気船の発明を促し、人類の移動手段に大きな革命を起こします。

そして、やはり第2章で紹介されている発明家たちがイギリスの繊維産業を飛躍させ、世界中に商品を販売する仕組みをつくり上げたわけです。これが国家に大きな繁栄をもたらしました。

そして、これら産業革命の担い手たちは生まれもって富や権力に恵まれた人間たちではない。多くは労働者階級から立ち上がってきた、自助の精神を持った人物だったわけです。

その点でイギリスは世界で初めて、貴族のような生まれもった身分でも、また武力によってでもない。個人がその社会において正当な努力をすることで、平等に富や名誉を獲得できる世の中をつくり上げようとしていました。

そんな歴史背景から、『自助論』という本は生まれたのです。

だとすると、本書が明治時代の日本で、さかんに読まれた理由もわかるでしょう。

やはり日本も「サムライの社会」が崩れ、誰しもが平等に富や名誉を獲得できる世の中にはなりました。

未来はどうなるかわからない。しかし「そんな世の中でも自分は立ち上がり、大きなことを成し遂げてやろう」と、夢を掲げた人々が本書を手に取ったわけです。

彼らは貧しい環境から立ち上がった人物たちに、そしてどんな苦境にもあきらめなかった人物たちに己を重ね、自分の力のみで新しい未来を切り拓く力を、本書で学んでいったのでしょう。


では、ひるがえって現代という時代はどうでしょうか?

高度成長の時代、あるいはバブルの時代、日本は「努力すれば必ず報われる世の中」になっていたかもしれません。

しかし、そんな時代が終わり、「努力してもなかなか報われない時代」になると、むしろ私たちは「少ない努力でうまくいく生き方」を模索するようになります。

ところが、結局はそれでもうまくいかない。だんだんと本書のように人を努力に駆り立てるような古典は読まれなくなり、いつしか、やる気や夢を失い、流れのままに生きるような考え方が蔓延してきた……。

現在はそんな状況のように思えてしまいます。

ただ、本書『自助論』でさかんに述べられていたように、世界は「努力してもなかなか報われない時代」を何度も迎えてきたのです。

そして、そんな時代でも立ち上がり、時代そのものを変えてきたのは、「報われなくても、それでも努力を続けた人々」でした。

だからこそ21世紀の現在に、本書のエッセンスに再び戻ることは大きいと思います。本書を通して、「自分がこれから何をすべきか」を考え、勇気をもって人生を前に進める気持ちになっていただけたら、訳者としてそれ以上の名誉はありません。

末尾になりますが、本書を翻訳する機会を与えてくださった株式会社ウェッジ書籍部の山本泰代さんに、また株式会社アップルシード・エージェンシーの鬼塚忠社長と栂井理恵さんに、あらためて感謝の言葉を述べさせていただきます。

夏川賀央

今度こそ読み通せる名著
スマイルズの「自助論」

2016年12月31日　第1刷発行

著者　サミュエル・スマイルズ
訳者　夏川賀央

発行者　山本雅弘
発行所　株式会社ウェッジ
〒101-0052
東京都千代田区神田小川町1-3-1
NBF小川町ビルディング3階
電話:03-5280-0528
FAX:03-5217-2661
http://www.wedge.co.jp
振替00160-2-410636

ブックデザイン　水戸部 功
DTP組版　株式会社リリーフ・システムズ
印刷・製本所　図書印刷株式会社

ISBN 978-4-86310-170-8 C0030